情報セキュリティマネジメント

Information Security Management

経営品質の保証と企業価値の防衛

Tsukasa Sugiura
杉浦 司

関西学院大学出版会

情報セキュリティマネジメント

経営品質の保証と企業価値の防衛

はじめに──見えない脅威に対する無防備がIT版パンデミックを起こす

　情報セキュリティは、システム障害や情報漏えいなど、企業経営においてサービス低下や損害賠償といった目先の問題だけでなく信用失墜や事業継続不能などによってデフォルト（倒産）にも結びつく、極めて危険性の高いリスクである。にもかかわらず、情報セキュリティはウイルス対策ソフトやファイヤーウォールなどのような情報システム部やITベンダーなどが対応すべき技術的問題とされてしまっていることが多く、経営者が取り組むべき危機管理のテーマとして取り組まれている企業は非常に少ない。ウイルス対策ソフトやファイヤーウォールを導入したところで、守るべきものは何か、なぜ守るのか、何から守るのか、誰が守るのか、どのように守るのか、といったことが明確にされないままの状態で、情報セキュリティが確保できていると言えるのだろうか。
　うわべだけのセキュリティ対策によって根拠のない安心感だけが生まれてしまい、故障しても侵入されても気づかないということが起きていないだろうか。真に有効な情報セキュリティ対策を実現するためには、守るべき情報資産を洗い出し、その情報資産に対する脅威と脆弱性について「見える化」する必要がある。情報セキュリティ対策として導入したウイルス対策ソフトやファイヤーウォールが、かえって新たな「見えない」脅威と脆弱性を生み出してしまい、セキュリティホールだらけのビジネス環境の上で業務を遂行している企業も珍しくないのである。
　実は、情報セキュリティを難しいものにしている大きな理由の一つとして、その不可視性がある。守るべき情報がデジタルデータの場合、ディスプレイに表示されたりプリンタで印刷されない限り、中身を知ることができない。さらにそれを狙うコンピュータウイルスもまたデジタルデータであり、まさにステルス攻撃をしかけてくる。しかし、もっとやっかいな不可視性は別にある。それは人間の頭の中である。セキュリティポリシーや

個人情報保護方針を会社案内やWebサイトに掲げる企業は多い。情報セキュリティ規程などよりきめ細かいルールを整備している企業も少なくないだろう。しかし、問題はそれが本当に守られているかである。従業員側に守る気がさらさらないルールに安心している経営者は、まさに裸の王様である。これと反対のケースもある。従業員側はルールを破りそうにもないのに、監視カメラで見張ることでモチベーションを下げてしまう。これでは身内まで敵に見えてきて味方の士気を落としてしまった大阪城の淀君と変わらないではないか。
　大砲を撃ち込まれたことに恐怖し、和睦に応じたことも、見えぬ敵に対する過剰反応だった。コンピュータウイルスや不正アクセスを過度に恐れてIT利用を抑え込もうとするのも淀君と同じ発想である。情報セキュリティの困難性が「見えない」ことに起因しているのだとすれば、「見える化」することが不可欠となるのは当然である。まさに可視化は情報セキュリティマネジメントにおける重要な取り組みとなる。首から身分証をぶら下げたビジネスパーソンが歩いているのをよく見かける。はたして彼らは、それが戦国時代、敵と味方をはっきりと区別できるようにしていた武士の紋章と同じだということに気づいているのだろうか。社内を身分証の裏表がひっくり返った人間が歩いていようとも誰も声をかけないのでは、敵に本陣を割られて首を取られてもしかたがない。情報セキュリティの重要性についてたいした教育もなく、訓練など受けたこともない従業員が、不審者の侵入という有事にはたして対応できるのだろうか。
　情報セキュリティは顧客や投資家に安心を与え、従業員や取引先など関係者の安全を確保するために経営者が取り組むべき義務であり、企業の社会的責任の一つでもある。戦国時代、武士の頭梁自らが城の防衛にあたったように、経営者自らが率先して体系的で継続的な情報セキュリティマネジメントの確立に向けてリーダーシップを発揮しなければならない。個人情報や客先機密の営業情報を漏えいしてしまってから情報セキュリティの重要性に気が付いても手遅れである。見えない脅威に対する無防備がIT版パンデミックを起こすことのないように、経営者が行うべきマネジメン

トとして情報セキュリティに取り組む企業が増えることを切に願うばかりである。

　情報セキュリティは経営上の課題でありマネジメントの対象である。情報セキュリティは損失発生から企業を守るための経営戦略と言っても過言ではない。情報セキュリティを重視しない経営者は企業統治すべきでなく、ましてや信用ありきの商取引を行うべきもでない。情報セキュリティの重要性が叫ばれてから久しいが、マネジメントとしての情報セキュリティを確立できている企業がどれくらいあるだろううか。形だけで認証取得するISMS (ISO27001) やプライバシーマークは砂上の楼閣にすぎない。

　経営者は情報セキュリティをマネジメントの視点から思考できるようにならなければならない。情報セキュリティに携わるエンジニアもマネジメントスキルについて学ばなければならない。本書を読むことによって、マネジメントの視点に立った情報セキュリティについて知ることができるだろう。そして、攻撃側と防御側の技術がいかに高度化、変化しようとも陳腐化しないマネジメントスキルを身につけることができるだろう。

　　2010年4月1日

　　　　　　　　　　　　　　　　　　　　　　　　杉　浦　　司

目　次

はじめに──見えない脅威に対する無防備がIT版パンデミックを起こす　3

第Ⅰ部　企業経営における情報セキュリティの意義

第1章　企業経営を危うくする情報セキュリティ事件 13
1　新聞をにぎわす恒例とも言うべき情報漏えい事件
2　社会を揺るがすITインフラのトラブル
3　不正アクセス者から継続侵入され続ける無防備企業
4　IT弱者につけ込む詐欺的手口の拡大
5　表に出ない無自覚の事件、事故の恐怖

第2章　企業における情報セキュリティの実態 37
1　ポリシーだけで終わらせる世間体だけのセキュリティ対策
2　思慮浅いセキュリティ対策が生み出す派生リスク
3　実現可能性を無視する強権的セキュリティ対策による組織崩壊
4　身内の境界線がはっきりしないアクセス制御
5　説明責任を果たせない不透明な委託業務

第3章　脅威とぜい弱性で理解する情報セキュリティ 57
1　高度化する不正侵入と破壊行為の脅威と手口
2　ソーシャルエンジニアリングで理解する不正アクセスの脅威
3　心への攻撃にもろい人間本来のぜい弱性
4　システムトラブルの原因トップも人のぜい弱性

第4章　情報セキュリティリスクの本質構造 77
1　情報セキュリティリスクを生み出す情報資産の特定

2　情報資産を取り巻く脅威とぜい弱性の組み合わせで決まる固有リスク
　　　3　前提条件が変われば固有リスクも変わる
　　　4　固有リスクへの対策後に残る残存リスクと派生リスク
　　　5　対策同士の衝突で起きる対立関係リスク

第Ⅱ部　情報セキュリティマネジメントの取り組み

第5章　情報セキュリティマネジメントとは何か 95
　　　1　経営活動としての情報セキュリティマネジメント
　　　2　情報セキュリティマネジメントの進め方
　　　3　システム企画、開発における情報セキュリティ
　　　4　システム運用における情報セキュリティ

第6章　経営者が推進する情報セキュリティマネジメント .. 117
　　　1　経営方針としてのセキュリティポリシーを宣言する
　　　2　経営者自身が守らなければならないルールをつくる
　　　3　おかしいことはおかしいと言える環境づくり
　　　4　納得していなければ教育効果はない

第7章　組織体質で決まる情報セキュリティ 129
　　　1　秩序のない組織体制こそ不正の温床
　　　2　職務権限と一致しないアクセス権限が不正アクセスを生む
　　　3　説明責任が果たせない権限委譲は善管注意義務違反
　　　4　情報漏えいの前に権限の漏えいが起きている
　　　5　根拠のない信頼から根拠のある信用へ

第8章　リスクアセスメントによるリスク抽出と評価 145
　　　1　情報セキュリティの現状を理解する
　　　2　リスクアセスメントで特定する脅威とぜい弱性
　　　3　影響度と発生確率の組み合わせで評価するリスクの重要度
　　　4　リスクの重要度から設定する対応レベル

目 次

第9章 モデリングで設計するセキュリティ対策 165
1 ミスユースケースでモデリングするセキュリティリスク
2 ISMS とコモンクライテリアから選択するセキュリティ対策
3 セキュリティ対策に対する事前事後の検証
4 セキュリティ対策の先にある事業継続対策
5 システム開発におけるセキュリティ設計

第10章 セキュリティ対策の有効性を左右する教育訓練 ... 195
1 社員の無責任、無関心こそ最も恐ろしい
2 守りきれない運用ルールならばない方がまし
3 腑に落ちる教育でバカの壁をつくらない
4 緊急事態対応は訓練してみなければわからないことがある

第11章 モニタリング不在はリスク放置と同じ 209
1 不正アクセス防止に対する最大防御はモニタリング
2 前提条件が変わればセキュリティリスクも変わる
3 データマイニングテクニックが求められるログ解析

用語解説 *219*

終わりに——セキュアな経営が競争優位を生み出す IT 社会へ　*227*

第Ⅰ部 企業経営における情報セキュリティの意義

第1章

企業経営を危うくする情報セキュリティ事件

1　新聞をにぎわす恒例とも言うべき情報漏えい事件

◇収まりを見せない個人情報の漏えい

　2005年に個人情報保護法が施行されて以来、プライバシーマークを取得した企業が急速に増えている。にもかかわらず個人情報の漏えいに関する記事が消えることがない。プライバシーマーク取得の企業が消費者や採用応募者のプライバシーを傷つけるトラブルを引き起こすことも珍しくない。インターネット上の百科事典サイトであるウィキペディアによると、10万件以上の個人情報を漏えいした事件も少なくなく、架空請求やクレジットカードの不正使用といった二次被害も発生している。業種も通販会社や金融機関、通信会社をはじめとして多岐にわたっており、顧客個人情報を取り扱わない企業であっても社員個人情報の流出リスクがあることを考えれば、個人情報保護を心配しなくてもよい企業を探す方が難しいかもしれない。個人情報漏えいの原因としては、業務委託先を含む内部関係者による意図的な漏えいと、外出先でのパソコンやUSBメモリなどの紛失や盗難といった過失による漏えいの二つに大きく分けることができる。前者についてはログイン認証やアクセスログ解析といった不正アクセス対策が、後者については暗号化や持ち出し制限などの漏えい対策が考えられるだろう。しかし、そもそも個人情報とは何かプライバシーとは何かについて明確に答えられない企業が、他人の個人情報を誠意を持って守れるものだろうか。個人情報を収集するということは、顧客や社員などから何らか

の目的のために預かっているのだという本質的な意味について、しっかりとした認識を持たなくてはならない。顧客や社員の個人情報は、決して自社の持ち物ではないのである。通販の利用者は商品を送ってもらうために住所を教え、医療機関の利用者は治療を受けるために病状を伝える。個人情報は目的のためだけに使用される限り、不利益ではなく便益を生み出す。問題は目的外使用であり、架空請求が市民生活を危険にさらし、差別や弱い者いじめが人の心を傷つけるのである。

どんな頑丈で高度なセキュリティ対策をとろうとも、なぜ守らないといけないのかがわかっていなければ、いつかは問題を起こすことになる。差別や弱い者いじめに対して人知れず涙を流す人達の気持ちを思いやり、ともに心を痛めることができる人間しか信用できないのは当然のことである。

自分自身が人にだまされたり、人から嫌がられる病気になってからプライバシーの大事さを知るのでは遅すぎる。個人情報対策のためにまず必要なことは、全社員、全委託先に対するプライバシー教育ではないだろうか。

不正アクセスやウイルス対策はその後にくるものである。

❖ネットリンチや炎上という陰湿なプライバシー侵害

インターネットという市民参加型のメディアの登場は、新たなセキュリティ問題を生み出している。それは、ネットリンチや炎上という匿名性を生かした陰湿なプライバシー侵害である。人の心の痛みがわからない思いやりが欠如した人間が、うさ晴らしや退屈しのぎのために、インターネット上の掲示板や動画サイトなどで特定の人間をつるしあげたり、プライバシー情報をさらすといった、言葉の暴力による卑劣な攻撃行為のことである。韓国では自殺者まで出たことから、サイバー侮辱罪の新設や実名の義務化などの規制が検討されているという。匿名性が実名社会での人の倫理観を緩ませ、言いたい放題にさせてしまうという側面もあるかもしれないが、匿名社会での行動の方がその人の本質を表しているとも考えられる。エリート企業の社員が掲示板上で匿名でのおぞましいネットリンチを繰り返していたところ、身元がばれて所属する企業に対する反撃が始まった

第 1 章　企業経営を危うくする情報セキュリティ事件

図表 1-1　主な情報漏えい事件の類型

類型	主な事例
紛失・盗難	パソコンや USB メモリなどを飲食店や駅、電車などに置き忘れた
	パソコンや USB メモリなどが入ったかばんを盗まれた
	業務委託のために渡したデータを業者が紛失した
誤送信	メールアドレスや FAX 番号を間違えて他人に送信した
	Web サイトの設定ミスで顧客情報が公開されてしまった
内部犯罪・過失	社員が顧客情報や機密情報を不正に持ち出して悪質業者に売った
	機密情報を秘密保護契約を結んでいない社外の人間に漏らした
ウイルス感染	自宅で仕事をしていた社員のパソコンがウイルス感染し、業務情報がネット公開されてしまった
不正アクセス	Web サイトに不正アクセスされ、非公開情報を搾取された
	FTP アカウントとパスワードを盗まれ、Web サイトを改ざんされた
	退職社員が削除されていないユーザ ID を使って不正アクセスした
風評	社内の機密情報が匿名の掲示板に書き込まれた
	社員が個人のブログで会社の機密情報を書き込んだ

ケースでは、企業経営者に対して、私生活での行動倫理にまで踏み込んだ従業員教育が必要であることを突きつけた。中には社員自身が運営するブログサイトで不謹慎な書き込みをし、勤務する企業サイトまで炎上するというケースまで起きている。

　こうしたケースから我々が学ばなければならないことは、技術的な対策だけではセキュリティ事件は防ぐことができないということである。形だけのセキュリティポリシーやうわべだけの従業員教育に効果は期待できない。情報セキュリティがなぜ必要なのかという、人の倫理観に訴えるような善悪意識の根っこに対する働きかけが不可欠なのである。

　◈**身内による紛失と盗難に対する対策不足**
　個人情報など機密情報の漏えい事件の主たる原因として、従業員や委託先による紛失や盗難がある。誤操作や無断の持ち出し、ファイル共有ソフト Winny による情報流出も紛失の一形態と考えれば、情報漏えい事故の

相当数が身内による紛失ということになる。盗難についてもウイルスや不正アクセスなど全くの外部の第三者によるものよりも、アクセス権限が与えられた社員や委託先といった内部犯罪によるものが多くなっている。内部犯罪が多い理由としては、比較的容易に機密情報に近づきやすい上に危険視されていない立場を利用できることが考えられる。企業が実施している情報セキュリティ対策として一般的なものは、ウイルス対策とファイヤーウォールが定番だが、身内による紛失と盗難に対する対策は不足している。このことは前節で述べたように、技術的な対策だけではセキュリティ事故を防ぐことができないことと結びつく。内部犯罪を防ぐためには、情報セキュリティルールの適用やアクセス権限の限定といった組織的対策や、セキュリティ教育や監査などによる倫理観の醸成やルール違反の粛正を図るといった人的対策を講じることによって、職場にモラルハザードが起きないように監視していかなくてはならない。しかし、現実を見ると上司自らが情報セキュリティルールを無視したり、部下に違反を強要していることも珍しくない。監査にしても性善説ベースであり、窃盗や横領といった悪質な内部犯罪でもない限り、情報セキュリティルールの違反に対してまで厳格な処分をすることは一般的には行われていない。

　そもそも、動機と機会と正当化という犯罪の三要素が揃えば誰もが社内犯罪を犯す可能性がある。動機にはお金が必要だとか脅迫されているといったものがあり、機会とはやろうと思えばできてしまう職場環境であり、正当化とは不当に給料が低い、誰もわかってくれないといった不満などである。犯罪の三要素の中で動機はいつ誰にどのような災難がふりかかってくるかわからない限り制御しようのない要素である。これに対して、機会と正当化は企業が制御できる要素である。上司による稟議承認や結果確認、ログイン認証、ログ分析といったセキュリティ対策を適切に運用することによって、不正機会はぐんと減少する。組織に対する不満や家庭事情などの相談ができる風通しのよい職場に自身の不正を正当化するような危険分子は発生しにくいものなのである。

　従業員以上に委託先での内部犯罪が多く発生している原因も、犯罪の三

第1章　企業経営を危うくする情報セキュリティ事件

要素で説明がつく。動機は万人共通の危険要素だとしても、委託先から無条件に信頼されているという機会の存在と、どうせ他社のことだ他人の個人情報だ、しっかり守っていない方も悪いのだという気持ちが罪悪感を軽くさせ、自分自身の犯罪を正当化してしまうのである。

◈情報漏えいしてから始まる情報セキュリティの取り組み

　どれだけ大きな情報漏えい事件が新聞記事になろうとも、たいていの企業にとっては他人ごとにすぎない。プライバシーマークやISMS（ISO27001）を取得している企業であっても、認証マークによるブランドイメージの強化を主たる目的としており、絶対にセキュリティ事故を起こさないという経営品質の保証や企業価値の防衛のために取り組んでいると思われる企業はあまりないように思われる。情報セキュリティに真剣に取り組んでいる多くの企業が、情報漏えい事故を起こしたことがあり、二度と起こせないという事情を持っていることも少なくない。しかし、病気をしてはじめて健康の大切さを知るのでは遅すぎる。情報セキュリティ対策もセキュリティ事故を起こしてしまってからでは手遅れになりかねない。1億円程度の個人情報保護保険に加入していたとしても、一人当たり1万円ほどの損害賠償が必要とすると1万人までしか対応できない。健康情報やクレジットカード情報など重要な個人情報が含まれる場合や、二次被害が発生した場合は、より高額な損害賠償が必要となることから、倒産リス

図表1-2　個人情報漏えいにおける想定損害賠償額の算出モデル

損害賠償額	＝	基礎情報価値 [500]
	×	機微情報度 [Max($10x-1+5y-1$)]
	×	本人特定容易度 [6, 3, 1]
	×	情報漏えい元組織の社会的責任度 [2, 1]
	×	事後対応評価 [2, 1]

JNSA 日本ネットワークセキュリティ協会「2003年情報セキュリティインシデントに関する調査報告書」より引用

クさえ想定しなくてはならない。また、セキュリティ事故によって失うものは損害賠償金だけで済まない。長期間にわたる事業不能や信用失墜による顧客離れなど、保険金ではとうていまかないきれない損失が企業を襲うのである。

❖プライバシーマーク取得企業の不祥事で募る消費者の不信

プライバシーマークはJIS Q 15001（個人情報保護マネジメントシステム）にもとづき個人情報保護に取り組む企業に対して、財団法人日本情報処理開発協会（JIPDEC）が付与するものである。

通販やネットショップ、学習塾、医療機関など個人情報を取り扱うことの多い企業ではプライバシーマークを取得していることが多く、消費者に対して一定の安心感を与えている。商取引、特にネットショップなど電子商取引の仕組みを活用する上で、個人情報が適切に保護されていることは信用を得るための前提条件であり、プライバシーマークの取得は必須と言っても過言ではないだろう。しかし、認定企業の中には採用応募者に対して不適切な個人情報を求めたり、認証取得後は名ばかりのセキュリティ対策しか講じていない場合がある。個人情報の保護に懸念がある、さらにはプライバシーマークさえ信用できないということにでもなれば、消費者のプライバシーが危うくされるだけでなく、ネットショップや顧客カードなどを安心して使えなくなってしまい、ショッピングや医療サービスの利用など日常生活にまで支障が出てしまうことになる。個人情報を取り扱う企業は当然にプライバシーマーク取得を検討すべきであり、プライバシーマークを取得した企業はプライバシーマークの信用を守るために、さらには電子商取引社会の秩序を維持するためにも、何としてでも個人情報保護を確保し続けなければならない。

2 社会を揺るがすITインフラのトラブル

◈相次ぐシステム障害による社会的損失

セキュリティ事故は情報漏えいだけではない。システム障害による業務停止も企業に多大な損失を与える。顧客の利用を前提とする業務システムの場合、被害はその企業だけでなく顧客にまで及ぶ。そして、一般消費者を相手とする業務システムの場合、社会的混乱さえ起きることとなる。

金融機関の合併のたびに起こるATM障害や交通機関のダイヤの乱れなど、業務システムの中には、もはや企業経営における損失を飛び越えて、社会における経済的損失まで想定しなければならないものも少なくない。交通機関や医療機関などでのシステム障害は、一歩間違えれば生命をも脅かすことさえありうるのである。一般的な企業が運営するネットショップですら、システム障害の被害は社会的損失を生み出しうることを理解しておかなければならない。実店舗に出かけることができない身障者の多くが通販やネットショップの利用を生活基盤としている。既存顧客に対して将来に向けた安定したサービス利用を継続保証することも情報セキュリティの大きな役割なのである。

◈地雷のように身を潜めるソフトウェアの不具合

システム障害はどうやって起きるのだろうか。気象庁で起きた緊急地震速報誤報は、システム開発の委託先による不必要な地震計ソフト改修が原因だった。金融機関など企業合併時などでは特に大規模なシステム変更が行われるため、システム不具合が生じる危険性が高い。しかし、実はもっとやっかいなシステム障害は、安定して稼働しているシステムにある時突然に起きる不具合である。開発されたソフトウェア機能の全てが稼働前にテストされるわけではないため、稼働後1年程度はシステム障害に対する監視と早期復旧のための保守体制が組まれている。そして、安定稼働後には保守体制を徐々に縮小させていくのが一般的だろう。しかし、まれ

にしか起きない入力データの組み合わせやソフトウェア実行のタイミングによって、1年に一度起きるかどうかわからないシステム利用のケースが必ず存在する。こうしたまれにしか発生しないケースに対するシステムテストは開発時においてもテスト設計から漏れてしまうことが多く、稼働後のシステム検証においてもテストされず見過ごされてしまいやすい。もしも、こうしたケースに対してソフトウェアの不具合があったとすれば、まさに地雷のような危険物的な存在となる。誰かが踏むまで身を潜めているのである。

◈**重篤なシステム事故を引き起こす安易な操作ミス**

　システム障害の原因はソフトウェアの不具合だけではない。重篤なシステム障害の原因が単純なオペレーションミスであることが少なくないのである。機械設計においては通常、フールプルーフと呼ばれる安全考慮が設計段階で考慮されている。フールプルーフとは、使用者が操作を誤ることを前提として重大な事故や問題が生じないように設計することであり、洗濯機が動いている途中で子供が誤ってふたを開けても自動的にモーターが停止する機能などがこれにあたる。情報システムの設計ではフールプルーフまで考慮されることはまれであり、ひとたび選択すると途中でキャンセルすることができないメニュー画面を見ることも珍しくない。たとえば、Windowsパソコン上のエクスプローラ画面で誤ってファイルを移動させてしまった経験はないだろうか。

　2005年12月に起きた東証マザーズ市場でのジェイコム株大量誤発注事件では、みずほ証券の男性担当者が「61万円1株売り」とすべき注文を「1円61万株売り」と誤ってコンピュータに入力したことが原因だった。同年には証券取引所でのシステム障害が相次いでおり、東京証券取引所と名古屋証券取引所がオペレータミスによるシステム障害によって取引停止に追い込まれている。人間が操作を行う限りポカは発生する。ポカ（ヒューマンエラー）を防止しようと操作を自動化すれば、今後はソフトウェアの不具合と戦わなければならない。操作をミスした担当者をけん責したり、

第1章　企業経営を危うくする情報セキュリティ事件

厳重な手順書を作成すれば操作ミスがなくなるというような単純な発想では、ポカはなくならない。どうすればミスが起きにくいのか、どうすればミスに早く気づくことができるのか、ミスによる被害を最小源に抑えるにはどうすればよいのかといったように、フールプルーフ的な思考を持つことが不可欠なのである。

◈見られることなく消えていくログファイル

　システム障害を未然防止し、あるいは早期発見して被害が大きくならないうちに復旧するためのセキュリティ対策としてログ監視がある。しかし、監視カメラの映像が事件が発生しない限り再生されることがないように、コンピュータ上のログファイルも内容を確認されることなく上書きされていく。

　ログファイルを使った情報システムの監視には大きく分けて①稼働監視、②障害監視、③性能監視、④アクセス監視の四つがある。①稼働監視は情報システムが単純に稼働しているかどうかを監視するものであり、ネットワークや外部サーバなど、自社側では稼働状況の詳細を知ることができない場合に利用される。②障害監視は情報システムが正常に稼働しているかどうかを監視するものであり、きめ細かい状態報告がログファイルに書き込まれる。③性能監視は情報システムのパフォーマンスを継続的に監視するものであり、ハードウェアの増強などの判断材料として利用されるだけでなく、障害発生の兆候としてのパフォーマンス悪化を検知するためにも重要なものとなっている。④アクセス監視は情報システムのアクセス状況を監視するものであり、システムへの不正な侵入行為を検知するために不可欠なものとなっている。ログファイルを取得するためのツールはサーバやネットワーク機器が標準で用意されている場合と、別途購入する必要がある場合があるが、いずれにしてもログが収集されているだけで、その中身を確認しないのでは何の意味もない。人間の健康診断と同じであり、検査結果を気にしないのではトラブルは起きるべきして起きるのである。

図表1-3　ログ監視の種類と利用目的

種類	利用目的
①稼働監視	情報システムが稼働しているかどうかを監視する
②障害監視	情報システムが正常に稼働しているかどうかを監視する
③性能監視	情報システムのパフォーマンスを継続的に監視する
④アクセス監視	情報システムのアクセス状況を監視する

❖システム統合でトラブル続きの企業合併

　金融機関などの企業合併は異なる情報システムを統合する必要があるため、システム障害が発生するリスクが高まる。市町村合併に伴うシステム統合でもトラブルが絶えない。合併日が決まった後で、システム統合をその日に間に合わせるために、準備期間に無理があっても強引に作業を進めなければならない。その結果、ソフトウェア不具合が残ってしまったり、操作ミスが起きることとなる。フールプルーフやログ監視といったセキュリティ設計も時間がない中で後回しにされがちだけでなく、システム設計の内容自体が十分に検証されないままシステム切り替えされるため、住民データが正しく移行されないなど大きなトラブルまで引き起こしかねないのである。

　システム統合のたびに繰り返されるシステム障害の根本原因は、経営者などマネジメント層のシステム障害に対する無知又は軽視にある。システム担当者は常日頃からマネジメント層に対して、システム障害など情報セキュリティの重要性について説明しておく義務（説明責任）があり、マネジメント層には企業資産を守るために危機管理を徹底する義務がある。度重なるシステム障害に対する報道は、いかに企業経営において情報セキュリティが重視されていないかを示しているのである。

3　不正アクセス者から継続侵入され続ける無防備企業

◈不正アクセス対策にシフトする情報セキュリティの関心事

　情報セキュリティの主たる関心は今やシステム障害から不正アクセスに変わってきている。インターネットの普及やUSBメモリなどIT利用が社会一般化する中で、不正アクセスのリスクは年々高まる一方である。システム障害に対するセキュリティ対策の重要性が低くなることはないとしても、不正アクセスの脅威が大きくなる中でセキュリティ対策における不正アクセス対策の重要性が大きくなのは当然の流れだと言えるだろう。しかし、不正アクセスに対する関心が高いにもかかわらず、その対策が十分に講じられているとは言い難い。多くの企業がウイルス対策ソフトとファイヤーウォールを導入するだけにとどまっている。クラッカー（悪意を持ったハッカー）が深慮を重ねてしつこく不正アクセスを試みることを考えれば、不正アクセス対策製品を導入すれば万全というわけにはいかないことは自明の理のはずである。内部犯罪の多さを考れば、不正アクセス対策製品の導入設計や運用監視も重要となることは明らかである。効果的な不正アクセス対策を確保するためには、脅威となる不正アクセス者の手口と、攻撃を受ける側のぜい弱性についてよく知ることからはじめなければならない。

◈初期設定のまま放置されたクラッカー天国のシステム環境

　空き巣狙いが鍵のかかっていない住居を狙ったり、容易に解錠できる戸窓を狙うように、クラッカーも防御が弱いサーバを狙う。情報システムではユーザIDとパスワードが鍵にあたる。システム管理者のユーザIDは初期設定のまま使用されることが多いことから、実際にはパスワードが鍵の役割を果たしている。システム管理者のユーザIDは、LinuxなどUNIX系のサーバでは「root」が、Windows系のサーバでは「Administrator」がデフォルト（初期値）となっている。権限が制限され

第Ⅰ部　企業経営における情報セキュリティの意義

たゲスト用のユーザIDである「guest」も特に設定しない限りデフォルトで利用できるようになっている。デフォルトで登録されているユーザIDにパスワードが設定されていないということは、サーバにアクセスさえできれば誰でも侵入できることを意味する。たとえ、ゲストIDしか利用できないとしても、そこから得られるサーバ情報をもとにしてシステム管理者IDを乗っ取ろうとするのがクラッカーの手口なのである。システム管理者のユーザIDが存在するのはサーバだけではない。ルータやファイヤーウォール、プリンタ、さらには一般ユーザ用のパソコンにすら存在する。こうした周辺装置のシステム管理者IDにまで注意を払っている企業は少ない。しかし、これらがネットワーク接続されていれば、クラッカーはその周辺装置に特有のぜい弱性を突いてサーバへの侵入を試みるのである。企業の情報システムの中には、一般ユーザの利便性を図るために、サーバへのログインを自動で行えるように自動ログインファイルやプログラムがパソコンに組み込まれていることも少なくない。こうした自動ログインファイルやプログラムさえ手に入れることができれば、クラッカーはいつでも好きな時にそのサーバに侵入することができるのである。

❖ トラッシング、ピギーバック、ショルダーハックを知らない無防備オフィス

　不正アクセスの手口は何もネットワーク経由だけと決まったわけではない。むしろ、強固なファイヤーウォールを破るのに苦労するくらいならば、不正アクセス者はターゲット組織のオフィスを訪問することを狙うだろう。性善説で動いている日本のオフィスでは、情報防衛に対する意識が低く、ソーシャルエンジニアリングと呼ばれる不正な情報収集の手口に対する訓練も受けていない。
　ソーシャルエンジニアリングとは、機密情報を不正に入手するための話術や盗み聞き、盗み見などの「社会的」な手口を意味する。オフィスから出る書類のごみをあさって機密情報を探し出すトラッシングや、正規の入館手続きを踏んだ訪問者の同伴者のふりをして一緒に入りこんでしまうピギーバック、肩越しからパスワードをのぞき見するショルダーハックな

図表1-4　代表的なソーシャルエンジニアリングの手口

手口	内容
なりすまし	他人の名前やユーザIDを使って、その人になりすます
トラッシング（スカビンジング）	捨てられたゴミをあさって不用意に捨てられた機密情報を探し出す
ピギーバック	正規の入退出の資格を持った人の同伴者のふりをして一緒に入ってしまう
ショルダーハック	パスワード入力するキー操作や画面を肩越しに盗み見て機密情報を盗み出す

ど、ソーシャルエンジニアリングの手口は、悪意があれば誰でもできる単純なものばかりである。入室しても誰も声をかけてこないオフィスも少なくない。ソーシャルエンジニアリングのターゲットにされる従業員は被害にあったことも気づかない。無気力、無関心なオフィスが最もセキュリティリスクが高いことは言うまでもないだろう。

◇重装備セキュリティを過信して不正アクセスに気づかない大企業

どれだけ高額な情報セキュリティ製品を導入しようとも、ソーシャルエンジニアリング対策など組織的対策や人的対策を講じておかなければ、いとも簡単に破られてしまう。セキュリティ対策が重厚だからと安心し、不正アクセスの心配をしない大企業はクラッカーの思うつぼである。クラッカーはひとたび不正侵入に成功すると、二回目以降の侵入を楽にするためにバックドアを作成する。

バックドアとはいわゆる裏口であり、クラッカーは自分が用意したバックドアから誰にも気づかれることなく自由にサーバに出入りすることができる。強固なセキュリティ対策が講じられている企業ほど、バックドアをしかけられてしまうと逆にクラッカーにとっては見つかることのない安全な場所となってしまう。情報セキュリティは食品安全と類似する部分が多いのだが、たとえば害虫や菌が入り込むことはないと過信している工場内に巣を作り込んでしまえば、彼らにとって天国となるのもよく似ている。

過信することなく、常に虫が入り込んでいないか点検を欠かさない工場は安全である。情報セキュリティも同じであり、不正アクセスされていないか点検を欠かさないサーバもまた安全なのである。

◈前提条件を無視して導入されるセキュリティ製品

　情報セキュリティ製品を導入する場合、その製品が要求する前提条件に留意しなければならない。たとえば、ログインによるユーザ認証の仕組みでは、パスワードに対する秘密保護が前提条件となる。推測容易なパスワードが設定されていたり、パスワードの長期間未更新、パスワードが書かれたメモ用紙の端末への貼付、パスワードのグループ共有などパスワードに対する秘密保護がされていない状況では、ログイン認証はクラッカーを裏口どころか正門から堂々と入らせてしまうことになりかねない。特にファイヤーウォールなどセキュリティ製品のシステム管理者IDのパスワードは厳格に管理されなければならないが、実際には委託先に設定を依頼したままになっていることも少なくないのである。

4　IT弱者につけ込む詐欺的手口の拡大

◈鉄壁ファイヤーウォールを骨抜きにするセキュリティ弱者の従業員

　不正アクセスをもくろむ者の目的が機密情報を盗むことにあるとすれば、彼らは手段を選ばない。
　だましやすい人間や利用しやすい人間がいれば利用すればよい。内部犯罪者の中には悪意の第三者から何らかの弱みを握られており、あやつられていただけというケースも少なくない。強固な鉄壁ファイヤーウォールを構築したとしても、システム管理者IDを使用する運用担当者をだましたり脅したりすれば骨抜きにできる。門番さえ買収すればどんな難攻不落の城でさえ落とすことができるのである。機密情報を取り扱う特殊業務の従事者に対しては、心身ともに健全で信頼できる人材をあてることは当然の

図表1-5　情報セキュリティ製品に設定されている前提条件の例

① A.PASSWORD_MANAGEMENT（操作員によるパスワードの管理）
　上級操作員および一般操作員がTOEにアクセスするために用いるパスワードは、他人に知られないように本人によって管理される。パスワードは推測・解析されにくいものが設定され、適正な間隔で変更される。
② A.PIN_ICC_MANAGEMENT（一般操作員によるPIN・ICカードの管理）
　一般操作員がTOEにアクセスするために用いるICカードは不正利用されないよう管理され、ICカード内のデータを使用するためのPINは他人に漏洩しないように本人によって管理される。PINは推測・解析されにくいものが設定され、適正な間隔で変更される。
③ A.USER_RESTRICTION（利用者制限）
　TOEに関連する権限・役割を持つ利用者は、管理者（上級操作員、一般操作員、監査ログ検査者、RA操作員）のみとなるように利用者登録を行う。
④ A.SAFE_PLACE（安全な場所）
　TOEに関連するハードウェアは、許可された人員のみが入室できるよう制御された場所に設置される。
⑤ A.BACKUP_MEDIA（バックアップ媒体）
　TOEのバックアップデータが保存されたリムーバブル媒体は、物理的に不正侵入できないように制御された場所に保管され、不正に持ち出せないように管理される。
⑥ A.NETWORK（ネットワーク環境）
　TOEの内部ネットワークはそれ以外のネットワークに直接接続されない。
⑦ A.HSM（HSM）
　HSMで生成・管理される認証局秘密鍵は物理的に保護される。
⑧ A.HARDWARE（ハードウェア）
　TOEに関連するハードウェアは、正確に動作する。
⑨ A.PERIPHERAL_INTERFACE（周辺装置）
　TOEに接続する周辺機器はTOEの付近に設置される。TOEと周辺機器は、その間で盗聴されることがないように直接接続される。

ことだが、実際にはマシンルームで作業するエンジニアが委託先の再々委託先から来た見ず知らずの人間であることが少なくない。誓約書や秘密保持契約を締結したからといって、この上ない信頼を与えてしまうのもおかしな話である。悪意がある人間や利用されている人間にとっては誓約書も契約書もただの紙切れにすぎないのである。

第Ⅰ部　企業経営における情報セキュリティの意義

※現代社会におけるお目付役の必要性

　本当に信頼できる人材であれば、自身の正当性を証明するために監視されることを当然に受け入れる。江戸時代には幕府の職制として御目付という職があった。現代における御目付は監査役や内部監査室、各部署の上長ということになるだろうが、はたして役目を果たしていると言えるだろうか。上長自身が仕事に追われ、監査役は名誉職、内部監査室は事なかれ主義、さらにはITのことはよくわからないということで情報システム部門に任せっぱなしという会社では、真面目な人間さえも魔が差すかもしれない。日々の業務遂行において、部署間の相互チェック機能が働き、部署内においても上長による部下の監督が日常的に行われ、監査役や内部監査室による異常点検が徹底している企業であれば、ソーシャルエンジニアリングが入り込む余地もなく、たとえ異常があっても早期発見できることだろう。

※フィッシング詐欺の原型は制服なりすまし

　一般消費者がフィッシング（Phishing）詐欺に遭う被害が急増している。フィッシング詐欺とは、実在する銀行やネットショップなどを装った電子メールを消費者に送付し、電子メールに貼り付けられているリンクをクリックさせて、その銀行やネットショップにそっくりな偽物のWebサイトに誘導してクレジットカード番号やパスワードなどを入力させて詐取しようとする詐欺行為である。フィッシング詐欺の原型は制服なりすましである。警察官の制服や医師の白衣を見ると信じ込んでしまう人の心理を応用したものであり、大銀行や有名なショップに対する信頼感からそこのWebサイトを見れば信じ込んでしまう心のスキが狙われている。そもそも、警察官の制服は入手困難かもしれないが、白衣は医師にしか売らないというわけではなく容易に入手することができる。それがWebサイトともなればもっと簡単である。Webページのデザインを丸ごとコピーしてしまえばよいのである。URL（Webサイトのアドレス）も似たようなものを用意すればよいが、そもそも偽メールでの案内文の時点でだまされ

第1章　企業経営を危うくする情報セキュリティ事件

ような人が注意を払うわけがない。

　フィッシング詐欺は企業経営に直接関係しないと安心するのは間違いである。フィッシング詐欺の被害者が出た銀行やネットショップでは、被害者救済と顧客への警告など対策に追われている。

　自社の従業員が被害者となることも考えられる。盗まれたクレジットカード番号やパスワードは不正使用されるだけでなく、従業員をあやつるためのゆすりに使われるかもしれないことを知っておくべきである。

図表1-6　フィッシング詐欺に注意勧告する「ゆうちょ銀行」Webサイト
http://www.jp-bank.japanpost.jp/news/2008/news_id000224.html

第Ⅰ部　企業経営における情報セキュリティの意義

◆ ○○○○サイト に登録ありがとうございます ◆	
個人識別コード	あなたの接続プロバイダーは ○○○○ (000.00.0.00) です。 あなたのメールアドレスは XXXX@XXXX.XX.jp です。 あなたのPC個人識別コード XXXXXXXX を登録いたしました。
ご利用料金	29,800円(キャンペーン価格) ※登録日より3日以内に限りキャンペーン価格とさせていただきます。 4日以降にご入金の場合は割引キャンペーン対象外の10万円がお振込み金額となります。
振込先	○○銀行　○○○○支店 普通預金　口座番号 1234567　○○　○○
支払期限	登録より3日以内 ※なお3日目が銀行休業日の場合は翌銀行営業日までといたします。
ご注意	支払期限以内にお振込み下さい。 また、支払い期限を過ぎても入金確認が出来ない場合、 未払い状態が続きますと登録メールアドレスを基に各プロバイダー会社に対し法的な手段を経て 情報開示を求めることにより以下の情報を把握することが出来ます。 ◇契約者名 ◇契約者住所 ◇契約者電話番号 ◇契約者勤務先 ◇契約者家族構成 ◇契約者クレジット ◇契約者信用情報 ◇契約者銀行口座 その他契約申し込み時に記入した事項全て。 ※支払期限を過ぎてもお客様からの入金が確認されない場合は利用料金に加えて延滞手数料が別途加算されます。 更に、お客様の登録情報、アクセス履歴を基に身元調査業者による調査追跡を行い、お客様の個人情報を基に自宅訪問等による直接回収が行われます。 尚、その際に要した調査費用、交通費全てお客様のご負担になりますのでご了承ください。 あなたの払込みID番号は XXXXXXXX です。 お振込みの際はあなたの払込みID番号を振込み人名義としてください。 これ以外の名義でお振込みされた場合は入金確認ができないのでくれぐれもお間違えの無いようにお願いします。

図表 1-7　ワンクリック詐欺の画面例

警視庁サイトから引用
http://www.keishicho.metro.tokyo.jp/haiteku/haiteku/haiteku35.htm

※**被害が広がるワンクリック詐欺**

　アクセスしたWebサイトから利用料金を請求されるというワンクリック詐欺の被害も増えている。Webサイトにアクセスしてしまうと閉じようとしても閉じることができず、入会を促されて「No」をクリックしたにもかかわらず、無理矢理「入会手続きが完了しました」と通知されてしまう。登録情報として携帯電話の機種名や個体識別番号、自分の位置情報といった個人情報らしきものが表示されることから驚いてしまい、料金支

払いに応じるという被害が出ている。これらの個人情報らしきものは、システム側で自動的に取得できるものであったり架空のものにすぎず、アクセス者を特定しており、もう逃げられないということを暗示するために表示されているだけにすぎない。職場や自宅のパソコン、パソコンが使えなくても携帯電話があれば誰もがインターネット利用できる時代である。情報セキュリティは社内の情報システムやデータを守るためのウイルス対策やファイヤーウォールであると考えていては、フィッシング詐欺やワンクリック詐欺から従業員を守ることはできない。あの手この手と次々に従業員をだまそうとしてくる悪意の第三者から守るためには、実際に起きているセキュリティ事故や詐欺被害などを題材にした情報セキュリティ教育を実施すべきなのである。

❖本物そっくりのウイルス対策ソフト

　偽のウイルス対策ソフトも存在する。Webサイト閲覧中にあたかもパソコンに問題があるかのように広告表示してソフトをインストールさせようとする。スキャン画面も見せかけであり、実際には存在しないエラーが検出したかのように見せかけて、修復するには登録料が必要だとしてお金をだまし取る。それだけならまだましで。中にはそのソフト自体がウイルスだったりスパイウェアだったりする。最近では日本語表示される本物そっくりの偽セキュリティー対策ソフトが出回っており、見分けることが難しい。本物のセキュリティ対策ソフトを導入していれば、これらが偽物であることを検知してくれるが、本物と信じ込んで利用している人は気づきようがない。パソコンショップなどから広く知られているメーカー製品を購入するようにしていれば問題ないが、フィッシング詐欺と同じで、見た目だけで判断してしまう人はだまされやすい。従業員が自宅のパソコン用にと導入したセキュリティ対策ソフトが偽物だったとしたらどうだろうか。仕事のデータを持ち帰って自宅パソコンで作業し、そのデータをまた会社のパソコンに登録するといったことが行われていないだろうか。自宅で使用するセキュリティ対策ソフトの種類を指定し、悪意のあるWebサ

第Ⅰ部　企業経営における情報セキュリティの意義

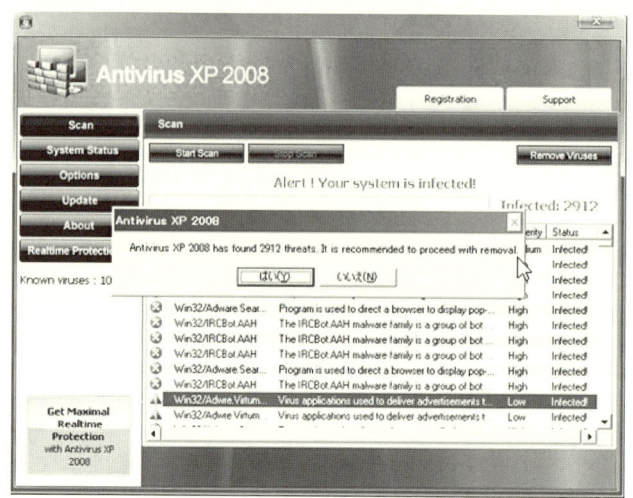

図表1-8　偽ウイルス対策ソフト「AntiVirus2008」

IPA情報処理推進機構サイトより引用
https://www.ipa.go.jp/security/txt/2008/11outline.html

イトやソフトに関する従業員教育を実施している企業であれば、従業員がだまされたりウイルス観戦するリスクは小さい。そうではなく、セキュリティ弱者の従業員ばかりいる企業は、日に日に悪質化していくインターネット上の不正行為をもう少し憂慮した方がよいかもしれない。

※狙われたら守りきれないセキュリティ不在の企業

　不正アクセスを狙う脅威が数えきれないほど存在する。そしてますます悪質化している。しかし、だからといって神経過敏になりすぎる必要はない。過不足なく必要なセキュリティ対策を講じれば不正アクセスされる危険性は相当に小さくなる。危険なのは情報セキュリティに対する取り組みが不足している企業と、過剰なセキュリティ対策に慢心している企業である。セキュリティ対策はウイルス対策ソフトやファイヤーウォールといった技術的対策だけでなく、ルール整備などの組織的対策、セキュリティ教育などを含めた、セキュリティ対策の三要素（技術的対策、組織的対策、

人的対策）を組み合わせることによって十分に有効なものとなるのである。

5　表に出ない無自覚の事件、事故の恐怖

◈匿名性で加速するネット掲示板での無責任発言

　情報漏えいは不正アクセスによってのみ起きるわけではない。従業員や委託先など内部関係者が意図的に漏らす場合がある。やっかいなことに内部関係者が漏らす情報が間違っていたり、内部関係者を装う外部の人間によるデマという場合もある。さらには、無責任な情報発信によってプライバシー侵害や名誉毀損で訴えられるという事件まで起きている。法務省の人権擁護機関が2007年中に新規救済手続を開始した人権侵犯事件の数は、前年比0.8％増の2万1506件。うち、インターネットを利用した人権侵犯事件は、前年の282件を大きく上回る418件（48.2％増）となっている。ブログやソーシャルネットワークなどインターネットによって誰もが情報発信者になれるようになったことから、従業員に対する情報セキュリティ教育ではウイルス感染や不正アクセスに対する対策だけを教えておけばよいという時代ではなくなった。ネット社会における言動モラルまでも「しつけ」なければならないのである。

　2ちゃんねるなど匿名で発言できるネット掲示板では特に無責任発言が氾濫しており、殺害予告などの脅迫事件すら起きている。匿名の発言者の中には社会人も当然に混じっており、匿名という仮面をかぶることによって、普段のうさ晴らしをしているものや仕事でのいざこざを逆恨みしての暴言と思われるものも少なくない。個人名を出しての人格攻撃や、「賞味期限切れの商品を販売している」といった内部告発を装ったデマも飛び交っている。企業経営者はこうした理不尽な情報攻撃から自社を守る必要もあるし、内部関係者からこうした人間を出さないようにしなければならない。知らないところで起きている事実無根のデマによって信用失墜することも、内部関係者の悪質な言動により企業の監督責任を問われること

第Ⅰ部　企業経営における情報セキュリティの意義

```
(件)
600                                                          515
                                                      ◆
                                              418
400
                                                          238
                        272     282
200   156                                 181
                                          154             176
       95              118     116
       54               96      96
  0
    平成16年   平成17年   平成18年   平成19年   平成20年
```

凡例：
- ◆ インターネットによる人種侵犯
- ■ うちプライバシー侵害
- ▲ うち名誉毀損

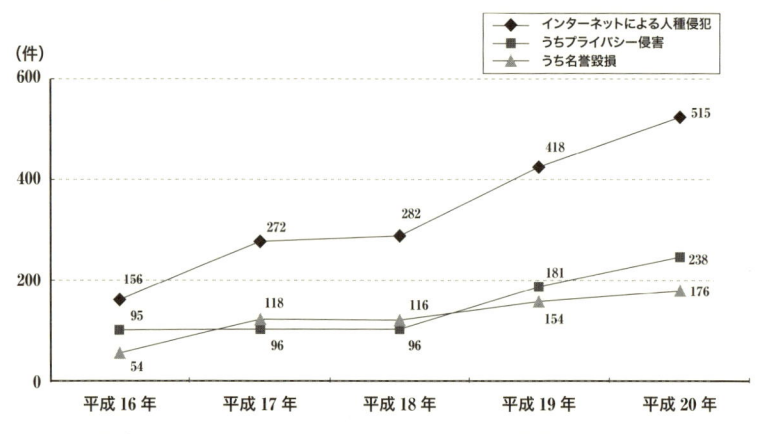

図表1-9　インターネットを利用した人権侵犯事件の推移

法務省サイトより引用
http://www.moj.go.jp/JINKEN/jinken142-11.html

も、企業倒産につながりかねない重篤なセキュリティリスクなのである。

平成14年に施行されたプロバイダ責任制限法では、プロバイダ等に対して人権を侵害した発信者の氏名やメールアドレス、住所などの情報の開示を請求することができるとしている。また、発信者に対して民事訴訟を起こしたり刑事告発したりすることも可能である。悪質な情報発信者に対しては、匿名をゆるさず発言責任が問われることになる。ネット掲示板での匿名による無責任発言からの企業防衛という従来には考えられなかった新しいセキュリティ対策が必要になっているのである。

◈機密情報を区別できない従業員による無意識の情報漏えい

上場企業は、非上場企業以上に機密情報の範囲について神経を使わなければならない。新製品又は新技術、業務提携や新たな事業開始に関する内部情報のうち公開されていないものは、重要事実としてインサイダー取引の規制対象となる。これらの重要事実は企業価値に大きく影響するため、役員・従業員・主要株主などの会社関係者が公表前の営業秘密などを不当に利用して証券取引がなされることを金融商品取引法で禁じている。イン

サイダーから情報を得て証券取引した社外の者もインサイダー取引として処罰の対象となる。注意しなければならないのは、株価が上がる可能性がある情報だけでなく、業務損失や取引停止など株価が下がる恐れのある情報も対象となることである。親会社の異動のようにどちらとも言えない情報も対象となる。どのような情報がインサイダー取引に利用できるのかをしっかりと認識できていないと、悪意の第三者に対して機密情報という意識を持つことなく情報漏えいしてしまう危険がある。複数の企業が入居しているテナントビルのエレベーターや、喫茶店、居酒屋といった公衆の場で仕事の話をする会社員を見かけることが少なくない。彼らは自社の重要事実のうち、何が公表されていて何が公表されていないかについて把握できているのだろうか。

❖システム再構築時に見つかる取り返しのつかない計算ミス

　システム障害の原因には、システム稼働後、地雷のように長期間身を潜めたソフトウェアの不具合もあると先に述べた。中にはそのシステムが役目を終えてシステム再構築される時に見つかる不具合もある。請求金額や給与計算のミスが見つかったところですでに遅く、多くの場合、何もできないということになる。当たり前のことだが、コンピュータプログラムは一度組み立てられると、同じ処理を文字通り機械的に繰り返す。その結果、間違った処理であっても何度も何度も繰り返される。企業の中には十分に動作テストされていないプログラムが多く存在している。中でもExcelマクロなどパソコンに詳しいエンドユーザが作成したプログラムでは、テストらしいテストをすることなく利用され続けていることがある。営業部門での見積書作成や、製造部門での工程計画、経理部門での資産評価など、心許ないプログラムが多数存在するのが企業の実情なのである。

❖思い込みで繰り返される誤操作

　長期間見つからない問題はソフトウェアの不具合だけではない。運用面でも担当者の思い込みで誤った操作が繰り返されることがある。障害対策の

第Ⅰ部　企業経営における情報セキュリティの意義

ために運用保守担当者が直接データを修正することがあるが、修正すべきデータを取り違えて関係のないデータを修正してしまっても、誰かが気づかない限りそのままになってしまう。特にパソコン上で直接データを操作する場合では、誤って切り取り、貼り付けの操作をしてしまう恐れがあり、誤りに気がついてもログにも残らず元に戻せないということが多い。思い込みで繰り返される誤操作はシステム障害だけではなく、情報漏えいの原因にもなる。電子メールやFAXの誤送信による情報漏えいは把握されていないものを含めれば相当数にのぼると思われる。日本ネットワークセキュリティ協会（JNSA）発表の「2007年度個人情報漏えいインシデントに関する調査報告」によると、情報漏えいの原因として誤操作が常に上位に位置しており、その中でも電子メールの誤送信が非常に多くなっている。メールアドレスの一文字違うだけで別人のメールアドレスになり、アドレスエラーとならないために気づくのが遅くなってしまうことも原因と思われる。FAX送信の場合でも短縮ダイヤルに登録している電話番号自体が間違っていたため、誤送信を繰り返してしまったというケースもある。

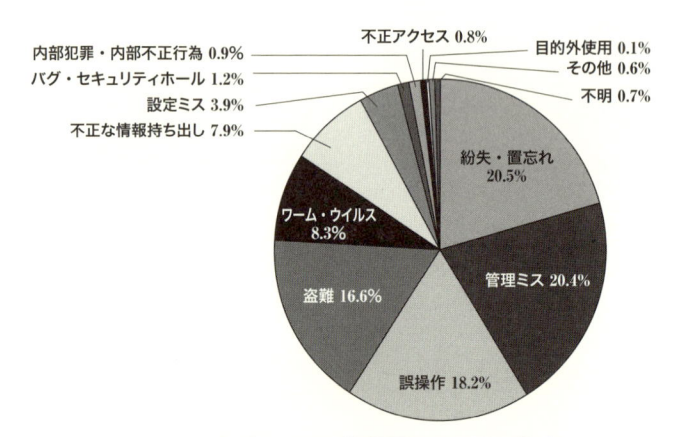

図表1-10　情報漏えいの原因比率

- 内部犯罪・内部不正行為 0.9%
- バグ・セキュリティホール 1.2%
- 設定ミス 3.9%
- 不正な情報持ち出し 7.9%
- ワーム・ウイルス 8.3%
- 盗難 16.6%
- 誤操作 18.2%
- 管理ミス 20.4%
- 紛失・置忘れ 20.5%
- 不正アクセス 0.8%
- 目的外使用 0.1%
- その他 0.6%
- 不明 0.7%

日本ネットワークセキュリティ協会（JNSA）「2007年度個人情報漏えいインシデントに関する調査報告」より引用

第2章

企業における情報セキュリティの実態

1　ポリシーだけで終わらせる世間体だけのセキュリティ対策

◆ルールとしての意義があいまいな日本企業の規程規則

　職務権限規程や組織規程、稟議規程、就業規則など企業内には様々なルールが制定されている。

　しかし、多くのルールが制定されているにもかかわらず、多くの社員が自社ルールの内容について深く知らないということが少なくない。インターネットや書籍を探せばサンプル規程集の類を多く見つけることができ、中にはサンプル規程をそのまま使用していると思われるところすらある。社内ルールがその存在を社員に対して示すのは、業務監査などで社員が罰せられる時だろう。

　日本人の多くがルールに対して暗黙の解釈があるように思われる。道路交通法はスピード違反や駐車違反などドライバーにとっては身近なルールだが、捕まってはじめてルール違反になると思っている人が少なくないのではないだろうか。ましてや自転車に乗る人や歩行者には道路交通法などまるで頭にないため平気で信号無視してしまう。社内ルールも同じで問題を起こさなければなきに等しい。自部署に関係のない社内ルールに対しては全く関心を持つこともない。経理部門以外の部署が経理規程を見ることがないように、情報セキュリティ規程も情報システム部門以外の部署では関心がうすいのが実状である。

　そもそも、社内ルールの制定までのプロセスにおいても問題がある。

第Ⅰ部　企業経営における情報セキュリティの意義

法律が国会で議決されるように、重要な社内ルールは取締役会で承認される。しかし、その内容が利害関係者の間で十分に審議されたかというと怪しくなってくる。また、法律は交付された後、社会に周知されてから施行されるが、社内ルールの場合、そもそも交付されたことが通達されない企業すらある。本来ならば、社内ルール制定の過程において広く社内の意見を吸い上げて、制定された後でも説明会を開くといった周知徹底が不可欠なはずだが、実際には全く説明されないまま運用されていることになっているものも少なくない。本来、ルールは守ることが絶対であり、意図的なルール違反だけでなく、知らなかったからというような過失によるルール違反もゆるされるものではない。ましては誰も見ていないからとか、大きな問題ではないからといった理由でルールを守らなくてよいということなどあり得ない。善と悪がはっきりしない、あるいははっきりさせることを好まない日本社会の慣習は、少なくとも情報セキュリティを徹底する上で障害となることは間違いないだろう。

◈社員が説明できない情報セキュリティポリシー

　企業のホームページを見ると情報セキュリティポリシーが当たり前のように掲載されている。情報セキュリティポリシーは通常、その企業における情報セキュリティの基本的な方針と行動指針を示したものとなっている。これらポリシーに定められた内容に対する具体的な実施手順をプロシージャと呼び、情報セキュリティポリシーと合わせて情報セキュリティ対策の全ての体系をP&P（ポリシー・アンド・プロシージャ）と呼ぶこともある。情報セキュリティポリシーにおける情報セキュリティの基本的な方針とは、経営者のセキュリティに対する姿勢を示したものであり、行動指針とは情報セキュリティの基本的な方針を実現するために、経営者以下社員全てが遵守しなければならない行為や判断などの基準となるものである。
　情報セキュリティポリシーを作成する上で、日本ネットワークセキュリティ協会などが提供しているサンプルを参照することができる。しかし、サンプルを丸写しの情報セキュリティポリシーをホームページに掲載する

第2章　企業における情報セキュリティの実態

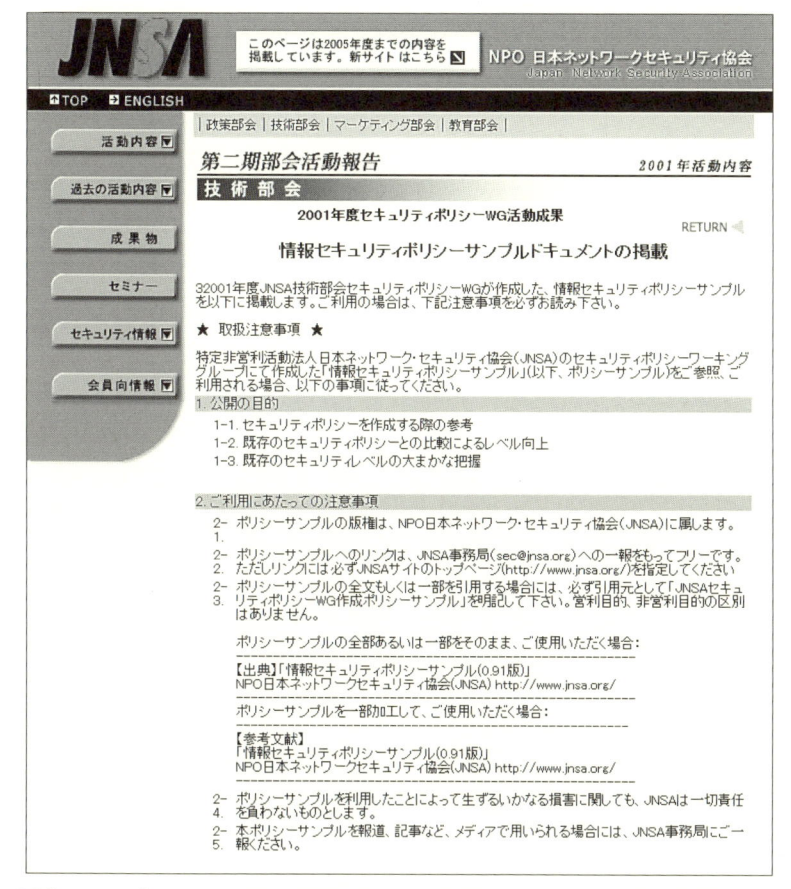

図表2-1　ポリシーサンプルを公開するJNSA日本ネットワークセキュリティ協会サイト
http://www.jnsa.org/policy/guidance/index.html

だけでは社内に浸透するわけがない。自社の情報セキュリティポリシーの内容について社員がしっかりと説明できる企業はどれほどあるのだろうか。

◈**経営者自身による公約としての意味がうすいポリシー宣言**
　情報セキュリティポリシーで提示される情報セキュリティの基本的な方針が、経営者のセキュリティに対する姿勢を示すものだとすれば、情報セ

39

キュリティポリシーには経営者自身による公約宣言としての意義が強いと言えるだろう。見るからにサンプル丸写しの文章では経営者の姿勢だけでなく品格すら疑われてしまいかねない。経営者自身による公約としての意味をポリシー宣言に込めた有名な例として、ジョンソン・エンド・ジョンソンの「我が信条(Our Credo)」がある。我が信条は1943年にジョンソン・

我が信条

我々の第一の責任は、我々の製品およびサービスを使用してくれる医師、看護師、患者、
そして母親、父親をはじめとする、すべての顧客に対するものであると確信する。
顧客一人一人のニーズに応えるにあたり、我々の行なうすべての活動は質的に高い水準のものでなければならない。
適正な価格を維持するため、我々は常に製品原価を引き下げる努力をしなければならない。
顧客からの注文には、迅速、かつ正確に応えなければならない。
我々の取引先には、適正な利益をあげる機会を提供しなければならない。

我々の第二の責任は全社員——世界中で共に働く男性も女性も——に対するものである。
社員一人一人は個人として尊重され、その尊厳と価値が認められなければならない。
社員は安心して仕事に従事できなければならない。
待遇は公正かつ適切でなければならず、
働く環境は清潔で、整理整頓され、かつ安全でなければならない。
社員が家族に対する責任を十分果たすことができるよう、配慮しなければならない。
社員の提案、苦情が自由にできる環境でなければならない。
能力ある人々には、雇用、能力開発および昇進の機会が平等に与えられなければならない。
我々は有能な管理者を任命しなければならない。
そして、その行動は公正、かつ道義にかなったものでなければならない。

我々の第三の責任は、我々が生活し、働いている地域社会、
更には全世界の共同社会に対するものである。
我々は良き市民として、有益な社会事業および福祉に貢献し、適切な租税を負担しなければならない。
我々は社会の発展、健康の増進、教育の改善に寄与する活動に参画しなければならない。
我々が使用する施設を常に良好な状態に保ち、環境と資源の保護に努めなければならない。

我々の第四の、そして最後の責任は、会社の株主に対するものである。
事業は健全な利益を生まなければならない。
我々は新しい考えを試みなければならない。
研究開発は継続され、革新的な企画は開発され、失敗は償わなければならない。
新しい設備を購入し、新しい施設を整備し、新しい製品を市場に導入しなければならない。
逆境の時に備えて蓄積を行なわなければならない。
これらすべての原則が実行されてはじめて、株主は正当な報酬を享受することができるものと確信する。

Johnson & Johnson

図表 2-2　我が信条

ジョンソン・エンド・ジョンソン社サイトより引用
http://www.jnj.co.jp/group/credo/index.html

エンド・ジョンソンの三代目社長ロバート・ウッド・ジョンソン Jr. によって宣言されたものである。1982年に米国で何者かに毒物を混入されたタイレノール（頭痛薬）によって7人が死亡するという事件が起こった時、ジョンソン・エンド・ジョンソンは我が信条の行動規範にもとづき、直ちに全てのタイレノールを回収して異物を混入できないようにした。

本来、情報セキュリティポリシーも、ジョンソン・エンド・ジョンソンの我が信条のように、いざという時にその企業を混乱から救い、最善の解決策を示してくれるものである。もし、情報漏えい事件が起きてしまった時、情報セキュリティポリシーにもとづいて情報開示と被害者救済を真っ先に考えることができる企業が、はたしてどれほどあるのだろうか。

◈会社法に規定された危機管理の責務を軽視する経営者

そもそも、情報セキュリティに対する経営者の責務は任意ではない。会社法では大会社（最終事業年度に係る貸借対照表に資本金として計上した額が5億円以上である株式会社）に対して、業務の適正を確保するための内部統制システムの整備を義務付けている。会社法施行規則では、内部統制システムの整備として「損失の危険の管理に関する規程その他の体制」をあげており、企業経営を取り巻く様々なリスクによる損失の発生を未然に防止するための危機管理を求めている。企業に損失を与えるものにセキュリティリスクがあることは言うまでもない。大企業でなければ内部統制システムの整備は必要ないと簡単に考えてはいけない。内部統制システムの整備は取締役の善管注意義務の概念から出てきているものであり、中小企業の経営者が危機管理を必要としないはずがない。そもそも、会社法が定めている内部統制システムの整備は経営者に対する助言的意味合いが強く、企業経営を取り巻く様々なリスクが多様化する中で善管注意義務を果たすには、属人的な対応だけではもはや無理ですよと言ってくれているのである。このことは中小企業でも事情はさほど変わりなく、社員が10人以上もいれば、もはや社長一人で全社員の仕事ぶりを一から百まで監視していられない。事業全てを自社だけでカバーできるわけもなく、協力会社で

第Ⅰ部　企業経営における情報セキュリティの意義

図表 2-3　会社法が要求する内部統制システムの整備項目
（会社法施行規則 100 条 1 項）

一　取締役の職務の執行に係る情報の保存及び管理に関する体制
二　損失の危険の管理に関する規程その他の体制
三　取締役の職務の執行が効率的に行われることを確保するための体制
四　使用人の職務の執行が法令及び定款に適合することを確保するための体制
五　当該株式会社並びにその親会社及び子会社から成る企業集団における業務の適正を確保するための体制

の仕事ぶりまで含めればリスクの存在は限りなく広がっているはずである。

　企業の危機管理における情報セキュリティ対策が持つ重要性は、単にセキュリティ事故による損失の発生だけにあるのではない。会社法施行規則では内部統制システムの整備が必要な項目として危機管理の他に、「取締役の職務の執行に係る情報の保存及び管理に関する体制」と「取締役の職務の執行が効率的に行われることを確保するための体制」をあげている。

　経営者が円滑に業務執行していくためには、正確な情報と確実なコミュニケーションを確保することが当然に不可欠なのである。

　情報が間違っていたり、命令も届かず報告も上がってこないのでは仕事にならない。取引リスクや財務リスク、環境リスク、労働安全リスク、法令違反リスクなど様々なリスクに対して適切に対応していくためには、情報セキュリティリスクに対応することによって情報品質に対する保証を確保することが前提条件となってくるのである。

2　思慮浅いセキュリティ対策が生み出す派生リスク

◈業務遂行に支障が出る過剰なセキュリティ対策

　セキュリティ対策はただ導入すればよいというものではない。むやみやたらにセキュリティ対策を導入することによって、余計な派生リスクを生み出してしまうことになる。過剰なセキュリティ対策によって、日常の業

務遂行が煩雑となってしまい生産性を落としてしまうだけでなく、顧客に対するサービス品質をも低下させてしまいかねない。よく見かける事例としては、個人情報保護を目的とした本人確認の手続きがある。なりすましによる不正アクセス防止のためには、登録情報に対する閲覧や修正を受け付ける際に本人を確認することが当然必要となる。しかし、署名捺印した上での書類送付による申請しか受け付けないのでは不便である。ネットショップやインターネット銀行など、申込時はオンラインで受け付けたのに契約変更や解約の場合は書面でというのではあまりに不親切である。社内システムへのログイン時に使用しているパスワードを強制的に変更させる場合、頻繁なパスワード変更のせいでユーザがパスワードを忘れてしまうリスクが高まる。一つの有効なセキュリティ対策によってリスクは相当に小さくなる。しかし、セキュリティ対策を追加するごとにリスクが小さくなる程度は低減していく。そして、リスクを完全になくすことは不可能である。むしろ、それを運用するのが煩雑となり、運用ミスなどの派生リスクが生じる恐れが高まってくる。必要以上に過剰なセキュリティ対策を講じることは費用対効果の面からも無駄なのである。

◈暗号化のパスワードを忘れて解読不能になる重要ファイル

　ログイン時に使用しているパスワードを忘れてしまった場合、システム管理者がそのユーザのパスワードを初期化することによって救済することができるが、ファイルやフォルダに対するロックや暗号化のためのパスワードは忘れてしまうと救済しようがない。「*」（アスタリスク）でマスク化されたパスワードの入力フィールドを見えるようにしたり、総当たりでパスワードを解読するツールを利用できる場合もあるが、そもそもそういったツールをユーザが安易に使ってしまうこと自体が危険である。ノートパソコンではBIOSレベルでハードディスクにパスワード保護することができる機種があるが、このパスワードを忘れてしまうとパソコンを破壊してしまったのと同じことになってしまう。

❖ バックアップが不正アクセスされる危険性

障害復旧のために作成されるバックアップもたくさん取ればよいというものではない。不必要にバックアップを作成すれば、そのバックアップが盗まれたり紛失する恐れが出てくる。情報システムへのアクセスはログイン認証で保護されているのに対して、バックアップデータに対する暗号化やパスワード保護は実施されていないことが多い。バックアップテープが担当者の引き出しに無造作に保管されていたり、サーバルームに放置されている場合もある。そもそも、何が入っているかわならないバックアップテープや CD などがないだろうか。情報セキュリティの基本は情報資産の管理にある。バックアップ媒体が員数管理されていなければ、誰かが勝手に持ち出したとしても誰も気づくことができない。

❖ 入館用 IC カードの自宅持ち帰りによる紛失リスク

IC カードによる入館手続きを行っている企業は多い。IC カードは偽造したりコピーすることが困難であり、身元を確認するのに適していることから、社員証に利用されるようになってきている。

しかし、IC カードにも落とし穴がある。出勤時に携帯していることが前提条件となるため、社員は IC カードを自宅に持ち帰ることになるからである。残念ながら不正な入館を排除するための IC カードを持ち帰る社員の自宅までセキュリティを考慮している企業はほとんどない。社員が車上狙いや空き巣にあったり、空港や駅、飲み屋でかばんを忘れてくるといったトラブルがそれなりに発生していることを考えれば、勤務時間外での IC カードの取り扱いについてセキュリティ対策を考える必要もあるのではないだろうか。IC カードを紛失した場合は、速やかにシステム管理者に連絡してカード番号の登録を消してしまうことが必要である。カードを最初に配布する時だけ紛失時の連絡方法を説明するだけでなく、定期的に再教育や訓練を実施しておくなどの対策を講じておくべきだろう。

◈指紋認証データの紛失という最悪の個人情報漏えい

ICカードより紛失した場合の派生リスクが恐いのが指紋データなどを使うバイオメトリクス認証である。バイオメトリクス認証とは、人間の生体的特徴を個人識別用のキーとしてデータ化して登録しておき本人認証を行うものであり、身体的な特徴を利用するものと行動的な特徴を利用するものとがある。

前者には指紋や掌型、虹彩（瞳孔の薄膜組織模様）、網膜の表面血管パターン、顔形状、静脈パターン、後者には署名（筆跡、筆圧）、声紋などがある。ここで考慮すべき派生リスクは、これらのバイオメトリクス情報は電子データとしてコンピュータ上に保管されるという点にある。コンピュータ上の電子データになるということは、コピーすることも偽造する

図表2-4　バイオメトリクス認証技術の種類と特徴

種類	長所	短所
虹彩	○生涯変化しない ○同じ遺伝子を持つ一卵性双生児でもアイリスパターンが異なるため認識可能 ○非接触で認識が可能 ○心理的抵抗が少ない	○コストが高い
網膜	○生涯変化しない ○高精度	○眼球の奥にあるためレンズへの接触が必要（不衛生） ○飲酒や運動後に精度が落ちる
声紋	○非接触で認識が可能 ○心理的抵抗が少ない	○加齢によって変化 ○体格や体調の影響を受ける ○方言の存在
人相	○非接触で認識が可能 ○心理的抵抗が少ない	○加齢によって変化
筆跡	○心理的抵抗が少ない	○訓練による模倣が可能
静脈	○非接触で認識が可能	○事例が少ない
DNA	○偽造しにくい ○高精度	○心理的抵抗が大きい ○コストが高い
指紋	○安価 ○高精度	○心理的抵抗が大きい

こ␣とも可能であり、不正アクセスされる恐れがあるということである。さらに当然のこととして、システム障害対策のために必ずバックアップされるはずである。だとすれば、バイオメトリクス情報の暗号化や、データが保存されたコンピュータに対するログイン認証が極めて重要となる。

　前項でも述べたようにバックアップデータに対するパスワード保護も必須となる。こうしたセキュリティ対策が講じられていないとすれば重大なセキュリティホールである。プライバシマークやISMS（ISO27001）の認証取得を売りにしてバイオメトリクス認証を導入している企業が少なくない。しかし、バイオメトリクス情報に対する不正アクセスや紛失という絶対的に起こしてはならない派生リスクに対して、万全の対策を講じている企業はどれほどあるのだろうか。言い変えれば万全のセキュリティ対策を講じる自信がない組織は決してバイオメトリクス認証を導入するべきではないのである。

3　実現可能性を無視する強権的セキュリティ対策による組織崩壊

❖納得できなければルールは守れない

　セキュリティ対策は強固であればよいというものではない。どのようなセキュリティ対策を講じようとも、結局は人間が本来的に持つぜい弱性によって、新たな派生リスクを生み出す危険がついてまわることになる。厳格すぎる社内ルールも本当に社員が守りきれるのかを考えておかないと、不正アクセス以上に怖いセキュリティリスクにさらされることになりかねない。

　それは、どうせ守りきれないルールは守る必要がないという秩序の崩壊である。社員誰もが違反者という状態では、ルール違反を責めてみたところで、どうして自分だけしかられるのかと反感を持たれるだけである。

　社員がルールを守れない理由にはどのようなものがあるのだろうか。まず考えられる理由として、①「ルールそのものを知らない」、②「ルー

ルは知っていてもどうしてよいのかわからない」、③「ルールはわかっていても納得していない」、④「ルールには納得しているけれども誰も守ろうとしないのでまわりに合わせている」といったものが考えられる。①の「ルールそのものを知らない」では、組織が違反者を創出している状態にある。②の「ルールは知っていてもどうしてよいのかわからない」では、ルール遵守を求める側も求められる側もルールは絶対に守らなければならないのだという意識に欠けている。④の「ルールには納得しているけれども誰も守ろうとしないのでまわりに合わせている」では、もはや組織秩序が崩壊している。①と②については組織側の姿勢に、④については社員側の姿勢に問題があるが、③の場合はどうだろうか。組織が社員に対してルールを周知し説明もしているのであれば組織側の姿勢に問題はないように思われる。社員側もルールがあることも知っており、どうすればよいのかもわかっているので問題がないように思われる。しかし、組織においてルール違反が起きた場合の原因の多くが、この③「ルールはわかっていても納得していない」にあるのである。では、なぜ納得できないのだろうか。そのルールによって犠牲にしなければならないことがあるにもかかわらず、守らなければならないことに納得がいかないのである。組織のルールによって犠牲になるものは多岐にわたる。仕事上の問題であったり、個人的な事情であったりする。

　東海村での臨界事故では、正規の設備を使わずにバケツを使ったことが問題とされているが、納期をせかされて何とか間に合わせようとした作業者を責めることができるだろうか。納期に遅れて上司や客先からしかられようとも、ルール逸脱した場合の事故リスクがいかに巨大なものかということを作業担当者に納得させられるような教育が行われていなかったことが問題なのである。セキュリティ教育もまた同じである。パスワードを変更しろ、バックアップを取れだけでは納得がついてこない。忙しくて時間がない、優先したい用事があるといった場面において、納得できていないルールは後回しにされたり停止されることになる。納得できていないルールは、「不正アクセスするような者はまわりにいない」「バックアップをし

てもめったに使うことはない」「ウイルスチェックソフトを更新しなくてもいきなり感染することはない」といった言い訳によって、容易に打ち破られてしまうのである。

◈納得できないセキュリティ対策が引き起こす組織崩壊

　納得できないセキュリティ対策が引き起こす組織崩壊の例はいくらでもある。身分証付きのICカードでは、同僚から借りたICカードで不正入館するというケースが後を絶たない。仕事の都合でどうしても施設に入館しなければならなくなった社員や協力会社の社員が、同僚などからICカードを借りて入館するというものである。協力会社に対しては業務契約期間中のみICカードが発行されることが多いが、仕事の不備を心配して作業したいと思っても自身のICカードは利用期間切れで入館できないといった時に不正入館してしまうというケースが起きている。こうした場合、ICカードの不正使用のみを責めるだけでは本人の納得感はなく、同じことを繰り返してしまう恐れがある。

　ICカードの不正使用のように表に出ないものまで考えれば、相当数の企業が組織崩壊のリスクを背負っている。プライバシーマークやISO27001などの認証取得企業では、実務と乖離する膨大な文書化と記録付けをルール化していることが少なくない。認証取得目的だけで整備された文書と記録は更新時につじつま合わせのためだけに作成される。有効性の確認が求められているはずのJ-SOX法上の内部統制やIT統制ですら実務と乖離していることが珍しくない。上司による稟議承認制度にしても、処理し切れない稟議書を前に形骸化し、システムインフラなど自社対応できない運用保守業務の多くは委託先に丸投げされている。

　そこにあるのは意図された安全ではなく結果としての安全であり、すでに発生しているかもしれない不正や事故に気づいていない虚像の安全かもしれないのである。

4 身内の境界線がはっきりしないアクセス制御

◈新人社員でも使える何でもできる共有ID

　企業において不正アクセスはどれほど意識されているのだろうか。ログイン認証が当然と言われている中、誰でも使えて何でもできる共有IDは社内のどこに行っても使われていないと断言できる企業はどれだけあるだろうか。あまり厳格なことを言っていては仕事にならないというのはお決まりの言い訳だとしても、その共有IDを使える身内の範囲はどこまでなのだろうか。派遣社員やパート、アルバイトは入るのだろうか。そもそも、共有IDが抱えるセキュリティリスクは何だろう。権限のない者が不正にシステム利用するリスクも問題だが、それ以上に問題なのは「誰がそれをやったのか」が特定できないことである。誰がそれを行ったのか特定することができないということは、もし不正が起きたとしても見つかることはないということを意味する。不正までは起きないとしても、作業ミスをしても報告しなければ見つからないのであれば黙っていた方が得策である。こうした不謹慎な輩はうちにはいないと豪語しようとも、何か問題が起きてしまえば同僚同士が疑心暗鬼になってしまう。誰も信じられない職場に安心などあり得ないのである。どうしても共有IDを使わないといけないというのであれば、その共有IDの責任者を決めればよい。共有IDを誰が使おうが全ての責任はその責任者がとるということにすればよいのである。そうすることによって、共有IDの責任者は利用者を限定し、共有IDの利用状況について監督しなければならなくなる。面倒だからとか楽だからといった理由だけで共有IDを使っている場合、共有IDの監督責任を義務付けたとたんに個人ごとのIDを付与しようということになることが少なくないのである。

◈誓約書一枚で与えられる絶大なる信用

　社員に対しては入社時に、派遣社員や委託会社社員に対しては就業時

に、誓約書を求めることが一般的となっている。しかし、そもそも誓約書をとることによる効果はどれほどのものなのだろうか。

　あと少しで辞めようと思っている社員や、不正を働こうと考えていてそもそも約束など守る気がない人物に対しては、誓約書による心理的けん制効果は期待できないだろう。会社に長く勤めようと考えている健全な社員や、派遣先との間で良好な関係を結びたい派遣社員、取引先からの信用を勝ち取りたいと考えている委託先社員は進んで誓約書に署名するだろう。しかし、これではもともと危険な人物に対するけん制が働かず、信用できる人物に対しても事務的な作業を生み出しているにすぎない。そもそも誓約書を取るならば教育と合わせて行うことが大前提であり、危険な人物に対しては、違反した場合のペナルティがいか大きいかについて認知させ、信用できる人物に対しては、機密保護を徹底してくれることによってより重要な業務を任せたいのだという誓約書に込めた目的を認知させることが大切なのである。

❖他部署には見せない重要データも委託先には気にしない

　他部署にも見せたくない重要データも委託先に対しては気にせず平気で見せていることがないだろうか。そもそも秘密文書の定義があいまいであり、機密情報が何かについて社内で明確に定義されていない場合、見せる見せないの判断基準は各部署の担当者次第ということになってしまっていることが多い。電子メールで文書を送る場合は暗号化しなければならないというセキュリティルールを設けている企業は多いが、暗号化のパスワードを教える相手—機密情報を伝えてよい相手—を限定する基準については明示できていないことが少なくないのである。前項で取り上げた誓約書や機密保護契約の締結をもって、開示してもよい相手だとしても、どの情報であれば開示してよいのかという問題が残る。情報セキュリティに真面目に取り組もうとすれば、暗号化ソフトを導入するのは二の次であり、まずは守るべき情報資産の特定と、利用基準（アクセスポリシー）を定めることが最優先テーマとなる。特に、委託先に見せてよい社内情報の範囲は厳

格に限定すべきであり、その利用期間や利用方法までも限定するべきなのである。

❖退職しても昔の上司にはさからえない

独立行政法人への天下りが社会的問題となっている。天下りの何が問題なのだろうか。随意契約と呼ばれる入札なしでの官公庁からの受注が多くなっているということは、退職してもなお元の職場に対する顔がきくということを暗に意味している。セキュリティの観点から考えた場合、本来、入札にすべき案件が特定の発注先、ひいてはOBがいる会社に対してのみ流れているとしたら、公正取引上の問題はもちろんのこととして、官公庁では社内で知る者も少ないような機密情報が外部委託先に漏れている可能性がある。「ウチ」と「ソト」の概念があいまいで、同じ飯を食った仲間というだけで情報共有してしまうような人間関係は、天下りだけの問題ではない。退職しても昔の上司にはさからえないといったことは民間企業でも起こりうる問題なのである。

❖ゲストでも難なくたどり着ける社長室

「昔の上司にはさからえない」の反対で、単なるゲスト訪問者であるにもかかわらず、難なく社長室やシステム部にたどり着けるという会社も少なくない。誰に教えようとしているのか定かでないが、ここが当社の情報システム部ですと目立つ看板を出している企業には不正アクセスに対する危機感が欠けているのかもしれない。受付を無人化している企業の中には、社長室も含めた社内施設の図面をていねいに紹介しているところもある。入室許可は各部署の前でというルールになっている場合、堂々と構内を下見することができる。このような状態では、盗聴器やネットワーク機器をしかけるのも容易である。

5　説明責任を果たせない不透明な委託業務

◈委託先の業務内容が説明できない発注担当者

　企業内の業務の全てに社内部部署だけで対応することはできない。特に情報システム業務や給与計算、研究開発など専門性の高い業務ではアウトソーシングされることが多い。しかし、専門性が高い業務だからといって委託先が何をしているのか説明ができないというのは問題である。特に機密情報を取り扱う委託業務の場合は、発注部門に監督責任が問われることになる。オフィス内の清掃・点検サービスや産業廃棄物の処理など、専門知識が不要な場合でも機密情報に近づける委託業務もある。ビルの警備や保安サービス、情報システムの障害・不正アクセス監視サービスなど、情報セキュリティを確保するために委託する業務は委託業務の中でも最も注意が必要である。万が一不正が起きた場合、機密情報が安全から一転して危険にさらされてしまうことになるからである。セキュリティ対策には必ず派生リスクが伴うことを先に述べた。委託先を使ったセキュリティ対策では必然的に委託先の裏切りという派生リスクが伴うことになる。その発生確率がたとえ限りなく小さくても、発生時の損失は想像を絶する。委託業務に対するセキュリティ対策では別に変わったことをする必要があるわけではない。信用できる業者を選定し、責任権限が明確な契約を交わし、定期的な業務報告を受けたり委託先を訪問して業務状況を視察するといったことを実施すればよい。しかし、実際にはこうしたことがほとんど行われていないのが実状である。いわゆる丸投げの状態となっていることが少なくないのである。オフィスで仕事をする人間は社員だけではないにもかかわらず、社員だけにセキュリティ教育をしても意味がない。委託先の社員に対してこそ、自社のセキュリティ教育を受けてもらい、同じ倫理観、セキュリティ意識を持って職場を同じくするという取り組みが必要である。

　IPA 情報処理推進機構は「委託関係における情報セキュリティ対策ガイドライン」を公表しており、その中で、委託先と締結すべき機密保持契約

第2章　企業における情報セキュリティの実態

図表 2-5　委託先に対するセキュリティ対策

---
1. 情報セキュリティに対する組織的な取組み
1.1　機密情報の利用、保管、持ち出し、消去、破棄における取り扱い手順を定める
1.2　機密情報に係る業務の再委託に関する事項を定める
1.3　機密情報を扱う従事者に対して遵守事項の周知と、情報セキュリティに関わる知識習得の機会を与える
2. 物理的セキュリティ
2.1　機密情報を保管および扱う場所の入退管理と施錠管理を行う
2.2　機密情報を保管および扱う場所への個人所有物の持込み・利用を禁止する
3. 機密情報が格納される情報システムの運用管理
3.1　ウイルス対策ソフトをはじめとしたアプリケーションの運用を適切に行う
3.2　情報システムに対して、最新のパッチを適用するなどの脆弱性対策を行う
4. 機密情報へのアクセス制御の状況
4.1　機密情報へのアクセスを制限するために、利用者IDの管理（パスワードの管理など）を行う
5. 情報セキュリティ上の事故対応
5.1　機密情報漏えいが判明した時に、状況を把握し委託元にすみやかに報告する

IPA情報処理推進機構「委託関係における情報セキュリティ対策ガイドライン」より引用

書の内容と、委託先において実施されていることを確認すべき情報セキュリティ対策について提示している。委託先のセキュリティ取り組み状況を評価する上で参考となるだろう。

◈発注担当者と委託先との癒着によって発見困難となる不正行為

　もし委託先による不正があった場合、発見は社内よりも困難となるが、社員と委託先が組んでの不正行為はもっと発見しにくい。社員の不正防止策として昔からジョブローテーションや長期休暇の強制、オフィスの整理整頓などがある。ジョブローテーションは委託先との癒着を起こりにくくし、長期休暇の間に不正検査が可能となる。もちろん、何もやましいことがない社員にとっては関係のないことだが、不正に手を染めようとする者、染めた者にとってはやっかいな制度であることに間違いない。委託先

がからむ不正行為は発見が困難だが、当たり前の予防策を講じておくことによる効果は小さくない。問題は、定期的な業務報告も定期訪問も、ジョブローテーションや長期休暇も実施していないケースである。その業務が特殊であり任せっぱなしになっているほど危険性が高くなる。IT関連の委託業務にはこうした懸念を持つべきなのである。

❖委託先で共有されるIDとパスワード

委託先に関連するセキュリティリスクについてもう少しみてみよう。多くの企業で問題となっているのは委託先に対して発行され、あるいは許可されたユーザIDに対する不正対策である。秘密保持契約を締結の上、担当者から誓約書を受け取っていたとしてもまだリスクが残る。それは、委託先側でのユーザID共有である。意図的なユーザIDの共有がなくても、パスワードを変更しない限り、担当者が変わるたびにアクセスできる人間が増えていく。考えられるセキュリティ対策としては、委託先から担当者が変わることの通知を受けてユーザIDを発行し直すか、パスワードを変更することが考えられる。問題は再委託が行われている場合である。委託先も再委託先に対して同じように担当者が変わる時にユーザIDの再発行やパスワード変更を行っていなければ意味がない。業務委託の連鎖は再、再々と続いていくため、厳密なセキュリティ対策は容易ではない。

❖通知のないリモートアクセスで行われるシステム変更

委託先に関連するセキュリティリスクのもう一つの例はリモートアクセスである。リモートアクセスでは、障害監視や操作支援、プログラム保守などを目的として、委託先のITベンダーが客先の事業所に回線経由でネットワークやサーバにログインする。通信コストの低下と固定化によって、ネットワークの常時接続が当たり前になった今日では、リモートアクセスといってもシステム利用において社内環境と大きな違いがあるわけではない。システム監視や保守のために特権IDと呼ばれる大きな権限を持つユーザIDを使用する委託先担当者は、誰にも気づかれずにシステムを

操作できるという意味で、これ以上ないセキュリティリスクとなる。リモートアクセスは、たとえてみれば姿が見えない訪問者である。裏返せば姿が見えれば危険性が下がる。作業前申請書や作業報告書の届け出を義務付けしたり、アクセスログの定期的な分析、監視ソフトによるアラームメールなどは、リモートアクセスに対する一般的なセキュリティ対策だが、絶対的なものではない。特権IDによって、アクセスログの出力やアラームメールですら停止してしまえるし、作業前申請書や作業報告書の届け出も、担当者に悪意があれば期待できない。姿を見せることなくアクセスすることをできなくするためには、ルータなど常時接続用の電源を切っておくしかない。共用ルータのために電源を切ることもできないということならば、定期的に（かなりの頻度で）リモートアクセス用のユーザIDやパスワードを変更しておき、リモートアクセスが必要な時に教えるという方法しか残っていない。面倒だから、やりきれないからということで、リモートアクセス用のユーザIDやパスワードを委託先に任せっぱなしというのでは、セキュリティ責任を放棄していると言われてもしかたがないだろう。

◈経営者に問われる委託先への監督義務

　姿を見せない相手に特権IDを使わせるという行為はオフィスの鍵を預けて誰もいない時でも勝手に使っていいよと言っているようなものである。そう考えれば、本来、リモートアクセスは相当の信頼関係がある相手にしか許可できるようなものではなく、顧客情報や機密情報を預かっている場合はもちろんのこと、あらゆる組織が財産保護を株主などから任されていることを考えれば、相当に慎重に検討しなければならない経営上の意思決定事項なのである。経営者には従業員だけでなく、委託先に対する監督責任がある。我が国のセキュリティ事情において、最も憂うべきリスクは委託先管理にこそあるのである。

第3章

脅威とぜい弱性で理解する
情報セキュリティ

1　高度化する不正侵入と破壊行為の脅威と手口

❖ディクショナリーアタックとブルートフォースアタック／パスワードは万全ではない

　ディクショナリーアタック（辞書攻撃）もブルートフォースアタックもパスワード破りの方法である。ディクショナリーアタックでは辞書にある単語を逐一試すことによってパスワードを割り出す。人の手では時間がかかりすぎてとてもできそうにないことでも、コンピュータに処理させれば自動でできる。ディクショナリーアタックはパスワード破りだけでなく、迷惑メール業者が実在するメールアドレスを探しあてるためにも利用している。

　@の左部分に単語を順次あてはめてメール送信してエラーにならなければ実在するメールアドレスを見つけたことになる。ディクショナリーアタック対策として辞書に載っていないような文字列の組み合わせを使うことが行われることになるが、これも万全ではない。ブルートフォースアタックと呼ばれる総当たり法と呼ばれる方法もあるからである。ブルートフォースアタックでは、文字列をAAAA、AAAB、AAACのように一文字ずつ変更して逐次試していくことによってパスワードを探し出す。対策としてはパスワードを長くすることが考えられるが、高性能なコンピュータを使ったり、ボットと呼ばれるウイルス感染させたパソコンを操って分散処理させることによって、いくらでも対抗できる。第2章で述べたよう

に、サーバやルータなどのパスワード設定が委託先に任せっぱなしになっているなどで初期値のまま変更していないケースでは、一度破られたパスワードで何度でも不正アクセスされ続けてしまうことになる。

そもそもパスワードは万全なものではないということをよく知れば、本来の対策としてパスワードは定期的に変更するものだということが当然に導き出される。制限回数を超えて誤ったパスワードが何度も入力されたらログイン拒否してそのユーザIDを一時的に使用できなくするという対策も有効である。人が手入力する速度でパスワード入力されたかをチェックしたり、人が目でしか読み取れない絵でキーワードを入力させるログイン方法を導入する企業もあるが、正当な利用者である身障者までログインできなくなるという問題もある。ワンタイムパスワードと呼ばれる一度しか使えないパスワードによる認証方法もある。ワンタイムパスワードでは、正当ユーザに対してあらかじめハードウェアトークンと呼ばれる装置を渡しておいて、その画面に表示されるパスワード（時とともに変化する）を入力させる。しかし、これにしてもハードウェアトークン自体を盗まれたり紛失したりすれば意味がない。ハニーポットと呼ばれる不正アクセス者を迷い込ませるためのおとりサーバを用意して、不正アクセスの一部始終を記録することによって証拠集めと犯人割り出しに使われることもある。

しかし、第2章で述べたように、高度な専門技術を駆使したセキュリティ対策を導入すればするほど、その運用や保守が適切に行われなければ、より大きな派生リスクが生じることになるということを忘れてはいけない。

❖ルートクラック／一番弱いところから頂上制覇を目指す

インターネットなどのネットワークを通じて悪意を持ってコンピュータシステムに不正アクセスする者のことを、正式にはハッカーと呼ばずにクラッカーと呼ぶ。ハッカーとはコンピュータ技術に精通した人々に対する尊称であり、その技術を悪事に使う者がクラッカーである。元々、クラックという言葉は、クラッククライミングと呼ばれる山登りからきている。

第3章　脅威とぜい弱性で理解する情報セキュリティ

　クラックとは岩の割れ目のことであり、クラッククライマーは岩の割れ目に手を入れて頂上を目指して登っていく。クラッカーもこれと似たような行動をとる。コンピュータシステムでは最上位のディレクトリや最上特権ユーザーのことをルートと呼んでいる。クラッカーはまさにこのルートを目指して手がかりとなるシステムの割れ目にアクセスしながら深部へと侵入していくのである。クラッククライマーは最初の手がかりとして手をかけやすいクラックを探す。クラッカーがまず最初に行うことも、最もアクセスしやすい防御が弱いところを探し出すことである。断崖絶壁のような強固なファイヤーウォールがあったとしても、彼らはそのようなところから正面突破しようとは思わない。むしろ、委託先メンテナンスのために空けられたリモートアクセス用の接続口や、社員や役員が単独でインターネット利用しているパソコンを狙うだろう。たとえファイヤーウォールからアクセスする場合でも、Webサイトや電子メールサーバなど誰でも自由に出入りできる場所から情報収集をしはじめる。Webサーバや電子メールサーバを動かしているソフトウェアを特定できるだけでも、そのサーバがセキュリティ対策をしていなければ既知のセキュリティホールから侵入することができるかもしれない。
　代表的なセキュリティホールにバッファオーバーフローと呼ばれるものがある。バッファオーバーフローのバグが残るWebサーバでは、想定外の長さのパラメータが入力されると、稼働中のプログラムが異常終了し、ルートディレクトリに移動したり、ルートIDを乗っ取ることができたりする。他にも、内部の人間をだまして強固なファイヤーウォールを骨抜きにする手もある。ビデオチャットやネットゲームでは、ファイヤーウォールの設定を変更して、本来ならば許可されていない通信を通すように求められることがある。社員が私的な理由で会社のファイヤーウォールを変更することなどできるはずもないだろうが、これが自宅のパソコンとなると事情が違ってくる。本人が知らなくても家族がファイヤーウォールの変更をしているかもしれない。知識がなくてもファイヤーウォールの設定を変更してくれるツールも配布されている。そのようなことはつゆ知ら

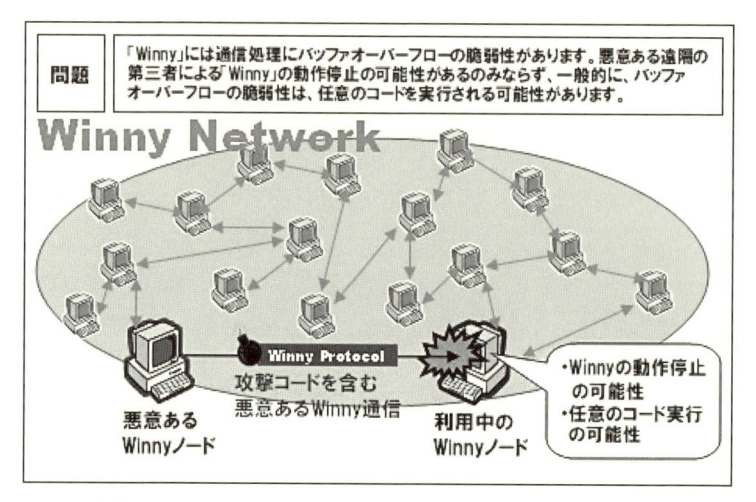

第Ⅰ部　企業経営における情報セキュリティの意義

図表3-1　バッファオーバーフローによるルートクラック

IPA情報処理推進機構サイトより引用
http://www.ipa.go.jp/security/vuln/documents/2006/JVN_74294680_winny.htm

ずに自宅で仕事をしている社員はいないだろうか。クラッカーにとって、最初のクラックが社員の自宅パソコンであっても別にかまわないのである。

◈乗っ取り／悪質サイトに誘導するDNSキャッシュポイズニングとクロスサイトスクリプティング

　DNSキャッシュポイズニングは、DNS（Domain Name System）サーバに対して偽のアドレス情報を仕込む不正アクセスの手法である。DNS（Domain Name System）サーバは、インターネット利用者が打ち込んだり、YahooやGoogleなどから見つけられたWebサイト名をコンピュータ通信に必要となるIPアドレスに変換するものである。DNSサーバはインターネット上の全てのコンピュータについてIPアドレスを知っておくことができないため、定期的に他のDNSサーバと情報交換している。しかし、応答時間を早くするために、一度調べたアドレス情報をキャッシュ（記録）している。DNSキャッシュポイズニングはこのキャッシュを偽の

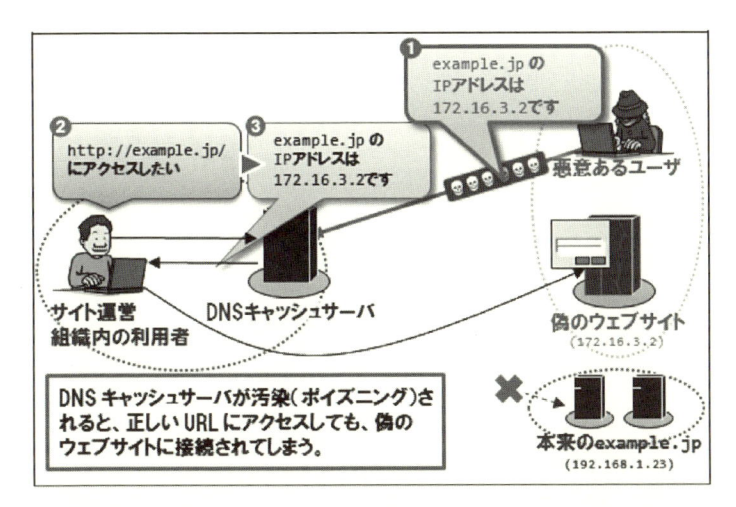

第3章　脅威とぜい弱性で理解する情報セキュリティ

図表3-2　DNSキャッシュポイズニングによるサーバ乗っ取り

IPA情報処理推進機構サイトより引用
http://www.ipa.go.jp/security/vuln/documents/2008/200809_DNS.html

情報に書き換える。DNSサーバが間違ったアドレスを返しても受け取った側ではそれを判断することができない。著名なネットショップを訪問したつもりが全く偽のサイトだったということが起きるのである。メーカーからのセキュリティ更新をきちんと実施していれば、DNSキャッシュポイズニングによる乗っ取りを防ぐことができるが、古いサーバソフトを更新せずに使い続けている場合は危険である。

　クロスサイトスクリプティングは、ブログや掲示板など入力フォームがあるWebサイトで、Webサイトの訪問者が書き込んだ情報をそのまま画面に表示する場合に、悪意のあるコードを訪問者のブラウザに送ってしまう脆弱性を利用して、Webページを書き換えたりフォームの送信先を変えてしまう不正アクセスの手法である。利用者が気がつかないうちに他のサーバ上にある別のスクリプトも呼び出されて実行されてしまうことからこの名前がついている。入力フォームからJavaScriptなどのスクリプトコードが入力された場合、Webサイト側でチェック機能がないと、その

61

スクリプト内容がそのまま HTML データに埋め込まれてしまい、ページを閲覧した利用者のパソコン上で実行されてしまうことになる。

　JavaScript などのスクリプトは、「ここをクリック」というリンクを表示させるだけでなく、自動的に次のページへ飛ばさせることすらできてしまう。入力フォームにスクリプトが書き込めてしまうというセキュリティホールによって、Web サイトはいとも簡単に乗っ取られてしまうのである。クロスサイトスクリプティングに対する対策も、メーカーからのセキュリティ更新をきちんと実施していれば問題になることはない。クロスサイトスクリプティングに対する対策はサニタイジングと呼ばれるもので、入力データから危険な文字を検出して、スクリプトとして実行されることのない用語に置換したり除去したりすることによって、入力データを無害化する。セキュリティ意識が低い社員やシステム会社側に任せっぱなしでサイト構築などをしている場合においては、注意しなければならない

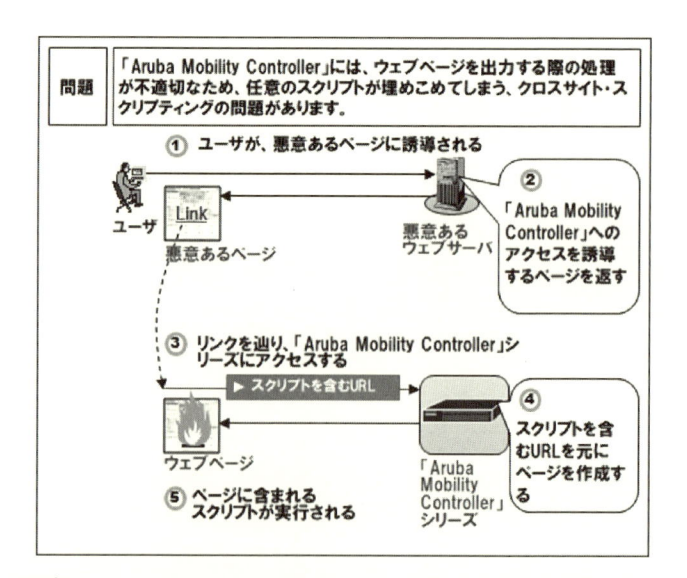

図表 3-3　クロスサイトスクリプティングによるサーバ乗っ取り

IPA 情報処理推進機構サイトより引用
http://www.ipa.go.jp/security/vuln/documents/2007/JVN_25471539.html

第 3 章　脅威とぜい弱性で理解する情報セキュリティ

状況が起きているかもしれない。

❖バックドア／不正侵入用にしかけられた裏口から操られるボットウイルス感染者

バックドアとは、文字通り不正侵入用にしかけられた裏口である。クラッカーはコンピュータへの侵入に成功すると、次からは簡単に侵入できるよう裏口をしかける。クラッカーによってつくられた裏口は見つからないように隠されていることから、この先、ファイヤーウォールの強化などどのようなセキュリティ対策を講じようとも、クラッカーは苦労することなく何度でも不正侵入することができることとなる。バックドアが設置できてしまえば、そのサーバを自由に操ることができるようになるため、他のコンピュータへの攻撃の踏み台として利用されることが多い。

ボットウイルスは、バックドアによってコンピュータを操ることを目的に作られたコンピュータウイルスである。ボットウイルスはインターネット利用者のパソコンに感染すると、そのパソコンを外部から遠隔操作して、迷惑メールの大量配信や特定サイトの攻撃といった不正行為を行う。「ボット」という名は操られるロボットからきている。DoS（Denial of Service Attack）攻撃では、ボットウイルスに感染したパソコンが使われていることがある。DoS攻撃とは、サービス妨害攻撃またはサービス不能攻撃などと呼ばれ、攻撃対象のサーバに対して大量のデータや不正パケットを送りつけることによって、システムをダウンさせることを狙うものである。

バックドアについて知っておくべきおくことがもう一つある。それはバックドアをしかけるのはクラッカーとは限らないということである。バックドアはシステム開発時にしかけられることもある。システムエンジニアやプログラマに悪意があればソフトウェアにバックドアを組み込んでおくことができる。決済システムにしかけて自身の口座に振込ませたり、ネットショップのショッピングカートにバックドアをしかけて自身のポイントがたまるようにしかけるといった事件が実際に起きている。また、シ

63

ステムエンジニアやプログラマの過失によって、予期しないバックドアが残ってしまうこともある。システムテストの工程では、プログラムのバグを発見するために内部データの内容を確認できたり、プログラム動作を変更することができるデバッグ機能が組み込まれることがある。解除することを忘れたデバッグ機能をクラッカーが発見して悪用するといったケースなどがこれにあたる。

バックドアを防ぐためには、ソフトウェアアップデートなどセキュリティ更新を確実に行うことと、システム開発における品質保証としてのセキュリティ要件を明確にすることが必要となる。不正アクセスが確認された後に、ディスクのフォーマットやOSの再インストールを行うといった対策もバックドアを完全に消去するために不可欠となる。システム開発におけるセキュリティ対策では、まさにマネジメントとしての取り組みが必要である。マネジメントとしての情報セキュリティの取り組みについては、「第Ⅱ部　情報セキュリティマネジメントの取り組み」において詳しく述べることとする。

❖荒らし／情報漏えいだけではなく言いがかりに対する防衛も必要

荒らしとは、ブログや電子掲示板、ソーシャルネットワークといった不特定多数の人が参加するコミュニケーションサイトなどに対して、不適切なメッセージを書き込むなどの送信行為を継続的に行う行為を指す。荒らしの行為は迷惑であればよいため、悪意がある側からすれば、苦労して不正アクセスする必要はなく、堂々と正門から入ればよい。さらに言えば、「迷惑な方、お断り」とされたとしても、別のところで迷惑になることを言いふらせばよいだけである。しかし、その言動が度が過ぎるほど悪質になってくると、企業は無視できなくなる。ありもしない商品やサービスの不良や欠陥に関するうわさ話や、特定の社員や役員を名指しした言いがかりなどが荒らしにあたるが、よほど悪質性が高くなければ名誉毀損や脅迫で訴えることは難しい。子供向けに用意された人気投票キャンペーンで、不人気なキャラクターを無理やりトップにさせてしまったり、誤って掲示

板に投稿されてしまった個人情報が、消された後でその個人情報をさらすかのように多数の掲示板にアップされた事件では、そのサイトの運営者に対する管理責任すら問われる騒動となっている。

　荒らしに対する対策として、荒らしが起きているサイトで反対意見を書き込んでも火に油を注ぐだけである。自社のホームページなどを利用して公式な見解を発信するなど冷静な対応が必要となる。自社サイトの掲示板への破廉恥な書き込みに対しても定期的に見回り、地道に消していくといったパトロール活動も不可欠なものである。

2　ソーシャルエンジニアリングで理解する不正アクセスの脅威

※トラッシング／パソコンの中にもシュレッダーすべきゴミがある

　トラッシングとはゴミあさりである。ゴミの中から誤って捨てられた機密情報を探し出すのだから不正行為だとして非難することは難しい。しかし、そのゴミが誤って捨てられたものであることが明らかだとすれば占有離脱物横領（遺失物横領）の罪に問われることになる。営業機密など当然に秘密情報と考えられる情報が書かれた紙や記憶媒体を拾った場合、警察に届けなければりっぱな犯罪になるということは、社会人として当然に知っておかねばならない。しかし、現実には、そうしたことを知らない、重く思っていないモラルの低い人が多数いる。中には意図的にゴミあさりによって手に入れようと考えている輩もいる。駅や空港、店など人が多く集まる場所で誤ってパソコンやUSBメモリなどをうっかり忘れてしまったら、戻ってこないことを覚悟しなければならない。悪意のある人間に拾われないことを祈るしかない。

　トラッシングでもっと問題となるのは、捨てた本人にとっては確かにゴミであり、それを拾う者にとっては価値があるという場合である。そしてそれが本人にとっては価値がなくても会社や顧客、取引先にとって価値がある場合、大きな問題を引き起こす。患者の名前が書かれた検査票の裏紙

をメモ用紙に使っていた病院から出たゴミから個人情報が漏えいする、営業部署から出たゴミから競合先が原価や取引先を知る、完全消去していないハードディスクがついたまま古いパソコンを廃棄し、顧客や取引先との間で交わした電子メールの内容が丸ごと漏えいするといったミスを、人ごととして済ませられるだろうか。トラッシングは古典的なソーシャルエンジニアリングの手口だが、紙資料のシュレッダー処理や磁気データの初期化といったセキュリティ対策が徹底していない組織に対しては、今でも十分に威力を発揮する手口なのである。

❖ なりすまし／見た目でだますフィッシング、肩書きや権威を偽るネームドロップ

　なりすましもまたゴミあさりと同様に古典的なソーシャルエンジニアリングの手口だが、現代社会ではフィッシングという形で脅威を増している。フィッシング（Phishing）とは、電子メールやWebサイトのなりすましであり、元の本物自体もデジタル情報であることから見た目を全く同じにできるため、見分けることが大変難しくなっている。電子メールの送信者名を変更することは容易であり、本物の電子メールの形式をもとにして作成すれば本物と区別がつかない。「パスワードの更新が切れましたのでリンクをクリックして再度登録して下さい」「入力されたクレジットカード番号に間違いがあります。リンクをクリックして再度登録して下さい」といったメッセージを受け取った人が何の疑問も持たずにリンクをクリックすると、そこに表示されるWebサイトも本物そっくりに用意された偽物サイトというわけである。電子メールのヘッダ情報やWebサイトのアドレスに注意すれば偽物であることを見破れることが多いのだが、現実的にはいつも注意しているというわけにはいかないだろう。心当たりがない電子メールに対しては電話確認したり、支払い方法を変えるなど慎重すぎるくらいの対応が望ましいだろう。しかし、電話確認をしてもまだなりすましの危険はなくならない。ネームドロップと呼ばれる肩書きや権威を偽る古典的手口がそれである。

偽りの電子メールに記載された電話番号がまた偽りで、出てきた人間に社名や肩書きを偽られてしまうと、信じてしまう危険性が高まる。

ネームドロップに対する対策は非常に難しい。知っている人間とだけしかつきあわないというのでは商取引自体が成り立たないし、電子商取引の存在自体も否定することになる。少なくとも、売り手側にも買い手側にも嘘偽りで人をだます輩もいるのだということを注視して不用心な行動だけは慎まなければならない。

❖のぞき見／肩越しに盗み見するショルダーハック、入力をキャプチャするキーロガー

ショルダーハックは肩越しにパスワードなどを盗み見する行為であり、銀行のATMで後ろに並んだ人間から口座番号やパスワードを打ち込むのをのぞき見される事件で知られるようになった。ショルダーハックがのぞき見の原型だとすれば、入力をキャプチャするキーロガーはその派生だと言える。キーロガーは、何らかの方法でターゲット利用者のパソコンに組み込まれ、打ち込まれたユーザIDやパスワードを盗み取り（キャプチャ）、本人に気づかれないように電子メールなどを使って密かに伝達する不正なプログラムである。内部犯罪の場合は本人がいない間にインストールされ、外部犯罪の場合はゲームや便利ツールを装うことでダウンロードさせるといった手口が使われる。

ショルダーハックとキーロガーに共通するのは利用者の不注意である。見られている、不正プログラムが動いているといった心配を全く持たない人間が彼らの標的となる。他人が近くにいる時にパスワードを打たない、ウイルスチェックソフトをきちんと動かすという当たり前のことをするだけで、のぞき見の危険はかなり低くなる。注意すべきは、ウイルスチェックソフトやスパイウェア対策と名乗るツール自体がキーロガーだったりすることである。新しいツールをインストールする時は、本当に信頼できるソフトウェアなのか、信頼できる供給元なのかについて留意しなければならない。企業内であれば情報システム部門の許可なくツールをダウ

第Ⅰ部　企業経営における情報セキュリティの意義

ンロードしたりインストールすることは厳禁である。

　キーロガー自体は、企業内不正に対する監視や調査に使われるツールでもあり、そのもの自体が悪質であるとは言い切れない。しかし、ネットカフェのキーロガーが仕込まれていたパソコンに入力した銀行口座の暗証番号が盗み出されて、知らないうちに口座から現金が引き出されるといった被害も発生している。盗聴器が設置されていないかチェックするサービスをする業者が一番怪しまれずに盗聴器をしかけることができるのである。同じように、キーロガーのようなツールを取り扱う監査部署やセキュリティベンダーに対して最も注意が必用なことは、委託先管理として当然認識しておくべきことだろう。

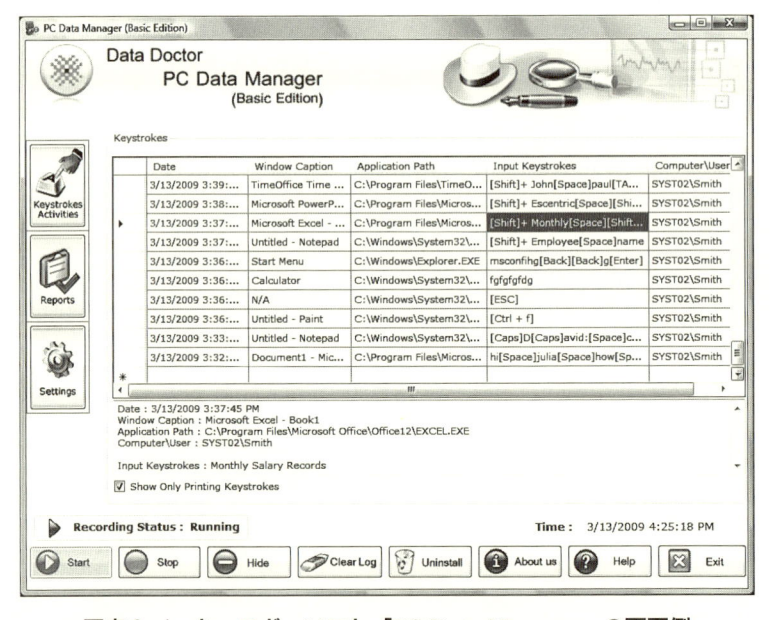

図表3-4　キーロガーソフト「PC Data Manager」の画面例

❖話術／コールドリーティング、ホットリーディングを駆使する説得の技術

コールドリーティングとは、外観を観察したり何気ない会話を交わしたりするだけで相手のことを言い当てて相手に信用させてしまう話術である。これに対して、ホットリーディングは、あらかじめ相手のことを知り合いから聞いたり資料を読んでおくことで、相手のことを言い当てて相手に信用させてしまう話術である。コールドリーティングもホットリーディングもそれ自体が悪というわけではないが、人をだますことを目的とする場合、悪の技術となる。ソーシャルエンジニアリングでコールドリーティングやホットリーディングが利用されるのは、標的とする人間や標的の知人から信用を得るためである。

「あの人は大丈夫」「この人は心配ない」といったお墨付きの根拠が実はこうした話術にもとづいているとしたら恐ろしい。しかし、人は自分の目や耳で感じたことと同じように、人から聞いたことを簡単に信用してしまいがちである。特に、それが日頃、信頼する人であったり、組織であればなおさらである。有名人が広告塔として利用されていたという話がときどき記事となる。自分がだまされないように気をつけるだけでなく、人をだますのに利用されないように注意することも同じほど重要である。

3　心への攻撃にもろい人間本来のぜい弱性

❖性善説、性悪説より性弱説

様々な脅威が存在したとしても、備えが十分であれば過度な心配は無用である。ソーシャルエンジニアリングにしても常識の範囲で注意を払っていれば簡単にだまされることはない。性悪説が説くほど根っからの悪人は多くないのである。しかし、逆に性善説が説くほどに根っからの善人も多くないと思われる。誰も彼も疑うのも神経質すぎるが、誰も彼も疑わないというのも無防備すぎるだろう。

性善説とも性悪説とも違う考えとして性弱説というものがある。性弱説では人間は本来的に弱い生き物であり、誰でも魔が差すことがあるとする。企業内で窃盗や横領に走ってしまった人が社内で信頼されていたということが少なくない。どんな人でも借金を負ったり家族が病気になったりしてお金に困っている時に、誰も見ていない金庫があるといった機会が目の前に置かれてしまうと動揺するものである。人間の心は本来的にもろい。油断する、動揺する、誘惑される、といった人間の心が持つぜい弱性は、教育訓練によって、ある程度は改善することができる。しかし、教育訓練の効果もやがては薄れていく。人間の心のもろさは本来的なものであるとする前提に立って、継続的にセキュリティ対策の有効性を監視していくことが大切なのである。

誤解して欲しくないのは、性弱説は性善説と性悪説の中間を意味するものではないという点である。人間には根っからいい人もいれば根っからの悪人もいるかもしれない。しかし、根っからいい人と根っからの悪人しかいないという考えに疑問を持ち、ほとんどの人はどちらでもない普通の人であり、まわりに影響されて善人にも悪人にも転ぶという心の弱さを持っているのだと主張しているのである。性悪説が対象とする人間は、セキュリティマネジメント上の脅威であり、性弱説が対象とする人間は、セキュリティマネジメント上のぜい弱性である。性善説が対象とする人間は経営者や公的機関であり、セキュリティマネジメントを成立させるための大前提とも言える存在だけに限られるのである。

◈動機と正当化と機会のトライアングル

一般的に、動機と正当化と機会の三つがそろった時に社内犯罪が起きる危険性が高まるとされている。たとえば、借金の返済に困っているという「動機」に加えて、給与が不当に低いのだから少しくらい借りてもいいだろうという「正当化」と、金庫を自由に空けることができる立場にあるという「機会」がそろった時に、黙って金庫からお金を借りてしまうといったことが起きる。そして、最初のうちは黙って借りたお金をこっそり返そ

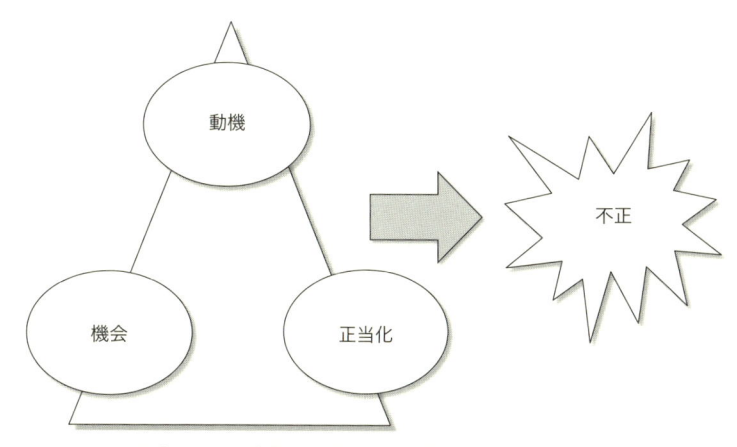

図表3-5　動機と正当化と機会のトライアングル

うとするのだが、そのうち返せなくなってしまうのである。会社の金を勝手に借りる行為は決して許されることではない。しかし、会社がもう少ししっかりとした防犯活動を行っていたら、社員を犯罪者にしなくて済んだかもしれない。警察の防犯活動は国民を犯罪から守るだけではなく、国民が犯罪者になってしまわないように保護している。遊ぶ金が欲しい、発散したいという「動機」と、親や先生がわかってくれないという「正当化」の二つをそろえてしまっている少年達に、非行の「機会」を与えないように、警察官はパトロールしているのである。

4　システムトラブルの原因トップも人のぜい弱性

❖パスワード紛失でシステムがアクセス不能に

セキュリティ事故が起きる原因はソーシャルエンジニアリングなど外部からの不正アクセスの脅威とは限らない。むしろ、内部関係者の不注意やルール逸脱が原因となった機密情報の紛失や破壊が後を絶たない。中でも多いのが、不正アクセスを防ぐためのパスワードを忘れてしまうことに

よってシステムやデータにアクセスできなくなるというものである。
　単なる一般ユーザID用のパスワードを忘れたというだけならば、パスワードを初期化して再発行するだけで済むことが多いが、管理者用のパスワードを忘れた場合は二度とそのシステムを利用できなくなる可能性が高い。データに対するパスワード保護の場合は、そのパスワード設定者自身が管理者となるため、パスワードを忘れてしまえば初期化することも再発行することもできない。フォルダやハードディスク全体にパスワードをかける場合は、パスワード紛失に対して相当に慎重になるべきである。パスワードを忘れることを恐れてパソコンのディスプレイにメモを貼り付けてあるというオフィスも、まだまだ見かけることがある。パスワード保護を強制するだけでなく、なぜ必要なのか、どのように管理すべきかまで踏み込んだセキュリティ教育を行うことによって、表面的に言われたことを守っているだけという状況を招かないようにすることが何より大切である。
　パスワードは忘れてはいけない、しかし、他人には知られてはいけない。そのためには自分だけが思い出せるキーワードを考え出す必要があ

図表3-6　パスワードの設計例

---

①言葉の組み合わせを選び出す
　　パスワードのベースとなるいくつかの言葉（学校の思い出や好きな歌、ペットの名前など自分に関係するもの）を考える
　　　給食　クイーン　シロ
②日本語の場合はローマ字化する
　　　kyusyoku　queen　shiro
③順序を入れ替える
　　　queenshirokyusyoku
④加工する（頭文字や最後の文字を取り出す、子音を取り除く、形や音が似た文字に変換する、シフトキーを押さえて打つ、隣のキーを打つ、一文字ずらす、カナキーの位置の英字を使う等）
　　　12_kysyk　※（queen→12　shiro→_　kyusyoku→kysyk）
⑤数字や特殊文字を適当に挿入する
　　　12_kysy&k

る。好きな食べ物の名前の一部、卒業した学校の名前の一部、好きな歌のフレーズの一部、といった知っている言葉のいくつかを組み合わせるというような、パスワードの設計方法について知っておくべきである。

❖いいかげんな運用記録や入退室記録が復旧を遅らせる

システム障害が起きれば、まず運用記録を確認して原因を特定しなければならない。不正アクセスが起きれば入退室記録をチェックしなければならない。しかし、運用記録や入退室記録の記載があいまいなために復旧や犯人特定に利用できない場合が少なくない。サーバルームへの入室作業に対して記録作成が義務付けられていたとしても、「9時から5時までサーバ作業」としか記載されていなければ、結局そこで何をしていたのか具体的には何もわからない。当日、サーバへの不正アクセスがあった場合、まず先にこのエンジニアが疑われてしまうことになる。彼が犯人でなかったとしても、彼のせいで真犯人捜しが遅れてしまうことになるのである。本来、入退室記録は、不審な者を発見するためというよりも正当な者を判別するために意義がある。不正侵入する者は跡を残したがらない。やましい気持ちがない者だけが堂々と跡を残せる。「サーバ作業」としか書いていないのであれば、余計なことまでやっていた疑いをもたれてもしかたがない。不正アクセス対策にせよ、障害対策にせよ、5W1H（いつ、どこで、誰が、何を、なぜ、どのように）をできる限り明確にした記録を残しておくことが必要である。

❖ウイルススキャンやパターンファイル更新を停止する多忙ユーザ

必ず実施しなければならない社内ルールも、その意味や意義がわかっていないと逸脱が起きてしまう。悪意を持ってルールを破ろうとまでは思わないとしても、他にやることがあったり、忙しくてそれどころではないといった時に優先度が低いものとして後回しにされたり、省かれてしまうことがないだろうか。その典型例が、多忙のためにウイルススキャンやパターンファイル更新を停止してしまうユーザである。インターネット

にはワームが送出する攻撃パケット（感染を広げるためのパケット）が飛び交っており、セキュリティベンダーによると、2003年8月に出現した「Blaster」や「Welchia」などが送出する攻撃パケットでは、ピーク時には30秒に1回の割合で飛んできたという報告がある。同様に、セキュリティー対策をしていないパソコンはネットに6分半つなぐと不正利用されかねないという報告もある。ウイルスチェックソフトを止めてインターネットに接続することは、バクテリアやウイルスに汚染された場所にマスクなしで立ち入ることと同じである。目に見えないコンピュータウイルスや不正アクセスの怖さについてユーザが本当に納得できていなければ、無謀なことも無謀とは思えないのである。

◇移動や削除を元に戻せないアクセス制限なしのファイルサーバ

　組織全体で情報共有するためにファイルサーバが導入されていることが多いが、社内だけでの利用ということでアクセス制限が設定されることはあまりない。しかし、本当に問題ないだろうか。アクセス制限がないということは誰でもファイルの登録や異動、削除ができることを意味する。誰かが誤って違うファイルを同じ名前で上書きしても、間違って人のファイルを選択して移動させても、ファイルサーバは止めてくれない。誤操作によるファイルの紛失や破壊が起こりやすいファイルサーバでは、フォルダやファイルの命名規則、フォルダやファイル名に対するアクセス権の設定（特に機密情報に対するアクセス制限）といった運用ルールの策定と徹底が不可欠となる。

　セキュリティ対策としてのバックアップが情報を破壊する脅威となることもある。バックアップの実施では対象データが適切であることが前提条件となっている。しかし、ファイルサーバのバックアップでは誤って上書きされたファイルかどうかは関係なく対象データとされてしまう。業務システムのバックアップでも誤ったデータがチェック漏れで登録されてしまうと、そのままバックアップされてしまうことになる。

❖フールプルーフが不足する情報システム

　フールプルーフとは「誰がやっても簡単な」とか「誰がやっても安全だ」という意味があり、工業製品や生産設備などでは、利用者が誤った操作をしても危険にさらさされることがないように設計の段階において考慮されているものである。たとえば、左手と右手で同時に両端のボタンを押さないと刃が降りてこない断裁機などでは、降りてくる刃の下に誤って手を置くことを防いでいる。情報システムの利用においても、ユーザが犯しやすい操作上のミスをあらかじめ想定しておいたり、思いもよらない使い方をしたとしても故障しないように設計しておく必要がある。情報システムにおけるフールプルーフとしては、ファイルの上書きや異動や削除を実行する前に確認メッセージを表示したり、処理日時やユーザ名、処理内容をログ記録したり、削除や再実行など特殊処理のメニュー配置を離すといったものが考えられるだろう。

図表3-7　人的ミスによるセキュリティ事故を防ぐためのフールプルーフの例

種類	内容
メニュー	削除や終了などのメニュー位置を離れたところに配置する
	アクセス権限のあるユーザにしかメニュー表示しないようにする
	バッチ処理はメニュー選択によってすぐに起動しない
入力	イレギュラーな値が入力された時に警告メッセージを出す
	データの修正や削除の前に再度確認する
	重要なデータの場合は二度入力させる
	上司による承認登録がないと確定しないようする
	項目に合わせて入力できるデータの種類や範囲を限定する

第4章

情報セキュリティリスクの本質構造

1　情報セキュリティリスクを生み出す情報資産の特定

◇情報資産の種類で決まる情報セキュリティリスク

　情報セキュリティへの取り組みの第一歩はウイルス対策でもファイヤーウォールでもない。守るべき情報資産は何かを定義することである。何を守るべきかをあいまいにしたままセキュリティ対策を設計することはできない。マネジメントのはじまりはいつでも目的の定義からであり、情報セキュリティマネジメントでも同じである。情報資産は電子情報に限られるわけではない。媒体の種別は手段にすぎず、スキャンすればいつでも紙から電子媒体に変更することができる。情報資産の特定は物理的にではなく論理的に行わなければならないのである。

　物理的な情報資産の特定とは、実際に紙や電子データとして存在する情報資産を洗い出すことであり、論理的な情報資産の特定とは、実際に存在する情報資産を利用目的や利用者の視点で分類していくことである。たとえば、試作品図面という物理的な情報資産は紙かもしれないが、実際には電子メールで送られてきたものを印刷したものだとすれば、担当者のパソコンに受信メールとして保存されているかもしれないし、メールサーバのバックアップにも含まれているかもしれない。製造委託先にFAXすれば、廃棄しない限り、送信側と受信側に同じものが残ることになる。こうした物理的な情報資産を一つ残らず特定していくことは、組織規模が大きくなるにつれ困難になる。たとえ洗い出すことができたとしても、その

第Ⅰ部　企業経営における情報セキュリティの意義

瞬間にも新しい情報資産が生まれているかもしれない。これに対して、論理的な情報資産の特定では、物理的な情報資産を代表的なもの、現時点で把握できているにすぎないものと考える。現時点では存在していなくても将来的には存在する可能性も含めて対策設計することができるのである。たとえば、印刷された紙資料であればコピーやFAXされるかもしれないとか、電子データであれば、電子メールでの送受信やバックアップ、USBメモリへの出力、インターネット上のファイル交換・保存サービスの利用といったように、物理的な情報資産の発生を予測しなければならない。

情報資産の特定において最もやってはいけないことは、認識できている物理的な情報資産だけをもって対策設計することである。組織特性や事業目的から論理的な情報資産の種類を想定し、具体的に物理的な情報資産の存在を予測しながら洗い出すことによって、重要な情報資産の見落としを防ぐことができるのである。

◇業種職種によって異なる取り扱う情報資産の種類

情報資産の種類は組織特性や事業目的の違いによって大きく異なってくる。裏返せば、業種職種が同じであれば情報資産の種類は似通っていることになる。派遣会社であれば派遣社員に関する個人情報が大量に保有されているはずであり、卸売業者であれば発注先と客先ごとの値引額などの取引情報が大量に保有されているはずである。製造業であれば設計図や仕様書、研究開発を行っていれば特許や営業機密に関する情報があり、試作案件を受注していれば、客先の特許や営業機密に関する情報を預かっていることとなる。データセンターや印刷会社ともなれば客先から様々な情報を預かることとなり、相当の信用を得なければ受注できないことが推測される。

システム開発を行うソフトハウスやSI業者を例にあげると、システム設計の段階では客先の営業機密に触れ、システム開発の段階では客先の業務ノウハウを知り、システム保守の段階では客先の担当者情報や取引データ、マスタ設定情報といった実業務情報にアクセスすることとなる。そも

そも開発されたシステムのプログラムソースや設計書自体が情報資産であり、客先と自社のどちらに著作権があるのかといった問題も発生する。システム保守のために客先から預かったユーザIDやパスワードもりっぱな情報資産であり、勝手にコピーすることも移転することも許されない。今は物理的な情報資産となっていなくても、システム担当者が記憶している客先サーバの初期ユーザIDとパスワードは将来のいつでも紙や電子データに出力することができる。システム担当者から別の担当者に口頭で引き継がれることもあるだろう。別の担当者が再委託先の社員だとすれば、想定される将来の物理的な情報資産は社外へと無限に広がっていくこととなる。こうした情報資産の拡散性は、業種職種ごとにある程度想定することができる。

　同業他社における情報セキュリティの取り組み事例の研究や、同業他社との共同研究などを行うことは、守るべき情報資産のあたりをつける上で有効であると言えるだろう。

図表 4-1　ソフトハウスの情報資産例

分類		情報資産分類名	情報資産の性質
管理	業務系	労務情報	個人情報
		財務・会計情報	アクセス管理
		販売	営業秘密、個人情報
	情報系	経営資料	営業秘密、アクセス管理
		業務資料	営業秘密、個人情報
		ナレッジ（技術・ノウハウ）	営業秘密、著作権
開発		仕様書（客先からの受入物）	営業秘密、アクセス管理
		開発中ドキュメント	営業秘密、著作権、アクセス管理
		成果物（客先への提出物）	営業秘密、アクセス管理
運用		設定情報	著作権、アクセス管理
		鍵情報	アクセス管理
		ログファイル	アクセス管理

❖漏えいすると拡散を止められない電子情報と制御しにくい人の記憶情報

　情報資産は電子情報にとどまらないが、電子情報はいくらでもコピーできる、インターネットを通じてどこまでも流れていくという危険な特性を持つことからセキュリティ上の重要性はやはり大きい。電子情報はいったん漏えいすると拡散を止められない。社内においても電子情報は画面に呼び出しさえできれば簡単にコピーしたり他の媒体に保存することができる。セキュリティツールの中には、ハードディスクやUSBメモリなどへのアクセスやプリンタへの印刷を禁止することができるものや、パソコンの操作履歴を残すことによって誰がいつどのファイルを開き、どのような操作をしたかを記憶できるものもある。しかし、守るべき情報資産を特定することなく全てだめというのでは業務に支障が出てしまう。セキュリティ対策のために仕事ができなくなる、生産性が落ちるというのでは本末転倒である。操作ログを取得することで精神的なけん制になるという意見もあるが、ログ内容が定期的に分析されないのであれば、けん制力も働かないし、そもそもどのような操作が適切でどのような操作が不適切なのかがはっきりしないのではログ分析しようがない。また、ユーザIDが共有されている場合は「誰が」を厳格に特定することもできない。情報セキュリティマネジメントの取り組みにおいては、なんといっても電子情報が本来的に持つ拡散リスクについてしっかり認識することが第一歩なのである。

　責任意識が希薄になりやすい共有情報は特に危険である。機密情報に指定されているからといって安全というわけでもない。その機密情報に対する管理責任がはっきりしていなければ防衛しようという意識も働かない。

　機密エリアに部外者を見つけても、誰かが注意するだろう、誰かの許可を得ているのだろうということになってしまう。機密情報に特定されていても、それがなぜ機密なのか、誰に対して機密なのかについて、社内に認識がなければ意味がないのである。

　しかし、もっとやっかいな情報資産は人の頭に存在する記憶情報である。人の記憶は消そうとしても消えるものではない。見たくなく聞きたくなくても知ってしまえば頭に入ってしまう。しかも、その記憶や理解は正

しいとは限らない。にもかかわらず、人の記憶が情報資産であることは少なくない。文書化されていなければ人の頭だけが頼りとなる。忘れることが破壊であり、口をすべらせることが漏えいにあたる。

組織においては、様々な情報資産が人の頭も含めて至るところに存在している。自社においてどのような種類の情報資産があり得るのか、そしてそれはどのような場所にあり、誰の頭に入っているのかといった調査分析を地道に行っていくことが、情報セキュリティマネジメントの第一歩なのである。

2 情報資産を取り巻く脅威とぜい弱性の組み合わせで決まる固有リスク

◈情報資産を取り巻く固有リスク

固有リスクとは本来的に存在するリスクであり、セキュリティ対策が全く講じられなければ露出することとなる。たとえば、ログイン画面が用意された情報システムには本来的に不正アクセスされる固有リスクが存在する。アクセス可能なユーザIDを制限したり、パスワード設定することによって、固有リスクは小さくなる。固有リスクは何かをすれば必然的に発生するものである。パソコンで文書ファイルを作成すれば保存漏れや別ファイルへの誤った上書きなどの固有リスクが生まれ、保存できたとしてもハードディスクトラブルによる読み取り不能になるかもしれないし、電子メールで送信すれば誤送信するかもしれない。情報資産には必ず固有リスクがつきまとうものであり、情報セキュリティ製品も例外ではない。ウイルスチェックソフトのパターンファイルが更新されずに新種のウイルウスを検知できないという固有リスクもあれば、暗号化ツールで暗号化したファイルのパスワードを紛失して開くことができなくなる固有リスクもある。守るべき情報資産の特定ができたならば、次にその情報資産を取り巻く固有リスクを洗い出さなければならないのである。

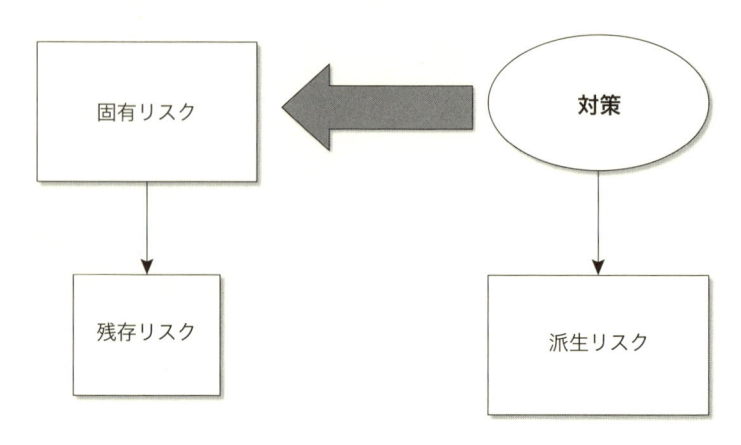

第Ⅰ部　企業経営における情報セキュリティの意義

図表4-2　固有リスク、残存リスク、派生リスクの関係

　固有リスクをはじめとして後で説明する残存リスクや派生リスクを含めたリスクの全ては、脅威とぜい弱性の組み合わせによってその大きさが決まる。脅威には不正アクセス者のような悪意の第三者の存在だけでなく、パターンファイルの更新忘れやパスワードの紛失といった善意の重過失者の存在も忘れてはいけない。ぜい弱性とは脅威にさらされる度合いであり、脅威によって被害を被る確率である。何の対策も講じていなくても、インターネット利用者が少なければウイルスに感染する確率は低いだろう。覚えやすいパスワードを設定していればパスワードを忘れる恐れも低いだろう。しかし、インターネット利用者が少ないから安心だということで「油断」という新たな脅威が生じ、覚えやすいパスワードは言うまでもなく「推測される」という脅威が生じることを忘れてはいけない。

❖情報資産のライフサイクルごとに違う脅威
　情報資産につきまとう脅威は、そのライフサイクルごとに違ってくる。情報資産のライフサイクルとは、情報の収集・生成から登録・加工、保管、利用、廃棄・返還といった一連の流れを指す。収集・生成では収受ミスやウイルスチェック漏れ、個人情報収集の同意取得漏れが、登録・加工

では誤登録や計算ミス、保管では不正アクセスや誤った上書きが、利用では悪用や無断での再提供、廃棄・返還では誤配や紛失などの脅威が考えられる。ライフサイクルは情報資産の種類ごとにも違ってくる。ソフトハウスやSI事業者であれば、要件定義のフェーズが収集・生成にあたり、客先業務に関連する機密情報を預かることになるので、収受ミスは重大性な事故となる。システム設計のフェーズでは客先要件から設計情報への変換ミスが誤登録にあたる。プログラミングのミスを見逃せば永遠に計算ミスをし続けるシステムを納品してしまうこととなる。システム納品ではウイルス感染したプログラムの混入や、デグレーション（古いバージョンのプログラムをインストールすることで消したはずのバグを復活させてしまうこと）という、まさに誤った上書きが問題となる。デグレーションに似たものでもっと問題なのがエンハンスであり、客先に黙ってプログラムを修正するというものである。まさに善意の不正アクセスと言うべきものであり、結果的にデグレーションはもちろんのこと、重大なバグやぜい弱性（セキュリティホール）をつくりかねない行為である。システム運用フェーズでは悪意の不正アクセスを防止するためにアクセス制御が必要となる。最後にシステム開発の完了後は、預かっていた業務資料やテストデータを返却するか廃棄しなければならない。

　情報資産の種類を論理的に洗い出すことによって認識できていない物理的な情報資産の存在を推測できるように、ライフサイクル視点によるリスク分析を行うことによって、未知の脅威を推測することができるのである。

❖時間とともに大きくなるぜい弱性

　リスク分析は一度やっておしまいというわけにはいかない。プライバシーマークやISMSの認証取得企業の中には、最初だけは審査目的のためにリスク分析を実施しても、次年度以降は力を入れて行っていないところがあるが、これは非常に危険である。セキュリティポリシーを策定した後、見直しを行っていない組織も同じである。次々と新しい脅威がやってくるだけでなく、何よりもぜい弱性は時間とともに大きくなるというこ

図表4-3　情報資産のライフサイクルごとのリスク分析例

情報	生成／受領 予想されるリスク	利用 予想されるリスク	保管 予想されるリスク	廃棄／返却 予想されるリスク
仕様書（客先からの受入物）	・顧客からの紙あるいは電子媒体の受理（口頭連絡、手渡し、郵送、電子メール） ・口頭連絡時における理解の相違 ・手渡し時における受収の未確認→紛失、漏えい ・郵送紛失時における責任所在の未定義 ・電子メール時における収受の未確認、責任所在の未定義 ・電子媒体時（電子メール、電子媒体）におけるウイルス汚染 ・法律、関係ガイドラインへの適合性確認漏れ	・社員、協力会社社員による閲覧 ・社員、協力会社社員による漏えい ・部外者によるのぞき見 ・紙媒体の破損、電子媒体の破損（ウイルス汚染、誤操作） ・移動時における紛失→収受確認の徹底 ・複写物の紛失、更新漏れ→員数管理化	・紙媒体→キャビネット、引き出しへの保管 ・電子媒体→担当者パソコン（マイドキュメント、メールフォルダ）への保管 ・部外者による不正アクセス（施設侵入、ネットワーク侵入）→施錠、アクセス制御化 ・障害発生による破壊→サーバ集中管理、バックアップ化	・紙媒体廃棄→シュレッダー処理、電子媒体廃棄→初期化処理 ・複写物、協力会社社員による持ち出し分の廃棄未確認
開発中ドキュメント	・社員、協力会社社員による文書作成 ※仕様書及び社内設計書テンプレート、類似設計書の参照 ・参照すべき仕様書及び社内基準、設計書テンプレート、類似設計書の未参照、取り違い、版間違い ・保存ミスによる文書の破壊 ※ライブラリ（グルーピング、版管理）化	・社員、協力会社社員による閲覧 ・社員、協力会社社員による漏えい ・部外者によるのぞき見 ・紙媒体の破損、電子媒体の破損（ウイルス汚染、誤操作） ・移動時における紛失→収受確認の徹底 ・複写物の紛失、更新漏れ→員数管理化	・紙媒体→キャビネット、引き出しへの保管 ・電子媒体→担当者パソコン（マイドキュメント、メールフォルダ）への保管 ・部外者による不正アクセス（施設侵入、ネットワーク侵入）→施錠、アクセス制御化 ・障害発生による破壊→サーバ集中管理、バックアップ化	・紙媒体廃棄→シュレッダー処理、電子媒体廃棄→初期化処理 ・複写物、協力会社社員による持ち出し分の廃棄未確認
成果物（客先への提出物）	・社員、協力会社社員による開発（ハードウェア、ソフトウェア、ドキュメント） ・検査もれによるバグ、ミス残存 ・開発ツール、開発環境のウイルス汚染によるウイルス混入→厳重なウイルスチェック ・セキュリティホール（バックドア、デバックコード等）の残存による不正アクセス →厳重なコードチェック ・障害時責任分担に関する未定義	・社員、協力会社社員による閲覧 ・社員、協力会社社員による漏えい ・部外者によるのぞき見 ・紙媒体の破損、電子媒体の破損（ウイルス汚染、誤操作） ・移動時における紛失→収受確認の徹底 ・複写物の紛失、更新漏れ→員数管理化	・紙媒体→キャビネット、引き出しへの保管 ・電子媒体→担当者パソコン（マイドキュメント、メールフォルダ）への保管 ・部外者による不正アクセス（施設侵入、ネットワーク侵入）→施錠、アクセス制御化 ・障害発生による破壊→サーバ集中管理、バックアップ化	・顧客からの紙あるいは電子媒体の提供（口頭連絡、手渡し、郵送、電子メール） ・紙媒体廃棄→シュレッダー処理、電子媒体廃棄→初期化処理 ・口頭連絡時における理解の相違 ・手渡し時における収受の未確認→紛失、漏えい ・郵送紛失時における責任所在の未定義 ・電子メール時における収受の未確認、責任所在の未定義 ・電子媒体時（電子メール、電子媒体）におけるウイルス汚染 ・法律、関係ガイドラインへの適合性確認漏れ ・複写物、協力会社社員による持ち出し分の廃棄未確認

とを知っておかなくてはならない。従業員に対する教育効果も徐々に薄れていき、何事も起きなければ平和ボケになる。人事異動や業務変更などによってルールが合わなくなり、勝手な運用が始まるといった「ほころび」が少しずつ起きはじめるのである。こうした「ほころび」を次年度に行うリスク分析やセキュリティポリシーの見直しまで放置しておくことは好ましくない。継続的なモニタリング（点検や監視）によって、「ほころび」を発見し修繕する必要がある。警察のパトロール活動はまさに継続的なモニタリングの典型例である。企業におけるパトロール活動は主に監査役や内部監査部門の役割ということになっているが、多くの場合は年に何回か業務監査を実施するだけではないだろうか。企業において強化すべきは日常において普通に行われるようなパトロール活動なのである。

※インフルエンザウイルスのように変貌し続けるセキュリティの脅威

　コンピュータウイルスはまさに本物のインフルエンザウイルスのように年々変貌し続けている。ウイルス対策ソフトのベンダーサイトでは、ほぼ毎日のように新種のウイルスに対する警告が掲載されている。ウイルスの多くではソースコードが公開されており、改変した亜種の作成が容易であり、また、インターネット利用者の増大によって、電子メールやWeb閲覧を通じて広範囲に感染が流行することが当たり前になってきている。

　そして、ついには実際には存在しないウイルスまで流行している。これはウイルスデマと呼ばれるデマメールであり、実際には存在しないウィルスなどについて「危険だから削除するように」とか「多くの人にこのメールを転送するように」などと警告する内容となっている。こうしたデマメールを単なるデマとして済ませられないのは、削除を指示されたファイルが正しいシステムファイルであり、削除してしまうとセキュリティ上のぜい弱性が生じるなど本物のウイルスと変わらないような悪質性を持っているからである。

　やっかいなことに本物のウイルスではないために、ウイルス対策ソフトでは見つけてくれない。電子メールソフトなどの迷惑メールのフィルタ

サービスで除去できればよいのだが、正当な送信先からのメールの場合は除去されない恐れがある。デマメールを信じた利用者が知人に転送することによって、ウイルスデマは本物のウイルスよりも恐ろしい存在と成長していくのである。

図表4-4　ウイルスデマ「jdbgmgr.exe」の記載例

《英文のデマメール》
『I found the little bear in my machine because of that I am sending this message in order for you to find it in your machine. The procedure is very simple: The objective of this e-mail is to warn all Hotmail users about a new virus that is spreading by MSN Messenger. The name of this virus is jdbgmgr.exe and it is sent automatically by the Messenger and by the address book too. The virus is not detected by McAfee or Norton and it stays quiet for 14 days before damaging the system. The virus can be cleaned before it deletes the files from your system.
In order to eliminate it, it is just necessary to do the following steps:
1. Go to Start, click Search
2.- In the Files or Folders option write the name jdbgmgr.exe
3.- Be sure that you are searching in the drive C
4.- Click find now
5.- If the virus is there (it has a little bear-like icon with the name of jdbgmgr.exe DO NOT OPEN IT FOR ANY REASON
6.- Right click and delete it (it will go to the Recycle bin)
7.- Go to the recycle bin and delete it or empty the recycle bin.
IF YOU FIND THE VIRUS IN ALL OF YOUR SYSTEMS SEND THIS MESSAGE TO ALL OF YOUR CONTACTS LOCATED IN YOUR ADDRESS BOOK BEFORE IT CAN CAUSE ANY DAMAGE.』

《日本語訳されたデマメール》
このウイルスはNortonやMcAfeeのシステムでは消せません。ウイルスはダメージを与えるシステムを作動する前に１４日間留まります。ウイルスは最近私からのメールが来た、来ないにかかわらず自動的にメッセンジャーとアドレス帳に登録されているアドレスに送られます。
以下の通りに削除して下さい。
１．スタートから始めて検索を選択して下さい。そこからファイルやフォルダ選択します。
２．名前のところに jdbgmgr.exe と書いてください。
３．探す場所が C: drive になってることを確認します。
４．検索開始 をクリックして下さい。
５．そのウイルスは名前が jdbgmgr.exe の小さなクマのアイコンです。絶対に開けないで下さい。
６．そのアイコンを右クリックして、削除して下さい。
７．ゴミ箱を空にして下さい。

情報処理振興事業協会セキュリティセンター（IPA/ISEC）サイトより引用
http://www.ipa.go.jp/security/topics/alert140515.html

3　前提条件が変わればリスクも変わる

◈前提条件を意識しないセキュリティ対策の危うさ

　医師における治療行為では既往症や服用中の医薬品などについて調査し、投薬などによって副作用が起きないという前提条件が確保できるか確認することが極めて重要となっている。セキュリティ対策でも前提条件が確保できるか確認することは不可欠である。システム設定用のユーザIDやパスワードを機密管理できない企業がファイヤーウォールを導入することは大変危険である。情報セキュリティ製品には必ず前提条件が提示されている。

　システム設定用のユーザIDやパスワードを忘れてしまえば、ファイヤーウォールに不具合が生じても修正できない。紛失したユーザIDやパスワードを悪用されれば不正アクセスのための強力なツールとなってしまう。セキュリティ対策として機器やツールを導入する場合には、必ず必要とされている前提条件について確認しなければならないのである。

　また、教育や監査といった非技術的なセキュリティ対策においても前提条件は存在する。

　対象者が協力的であること、講師や監査員に必要な能力があることといった前提条件が確保されていなければ、教育や監査の成果は期待できないのである。

◈前提条件が必ず存在する情報セキュリティ製品

　情報セキュリティ製品には極めて重大な前提条件が示されていることが多い。たとえば、暗号通信のための電子認証システムでは、先にあげたシステム設定用のユーザIDやパスワードの機密保護だけでなく、電子認証システムが稼働するサーバがファイヤーウォールなどによって外部から物理的に隔離されていることや、施錠管理などによって正当ユーザ以外の者がサーバルームに入室できないことなどが前提条件となっている。しか

し、前提条件が指示されているにもかかわらず、前提条件を管理していない企業が少なくない。ウイルス対策ソフトでは全てのパソコンでパターンファイルが更新されていることが前提条件となるが、パターンファイル更新を停止するユーザがいないかを確実に監視しているといえるだろうか。社内ネットワークに接続しようとするコンピュータを隔離された検査システムに強制接続させて問題がないことを確認してから社内ネットワークへの接続を許可する検疫ネットワークを導入している企業であっても、検疫ネットワーク自体が不正アクセスを受けやすい状態であったり、検査データが更新されていなければ意味がないのである。

◈**前提条件の変化を監視することの重要性**

　前提条件が変わればリスクも変わる。導入当初は機密保護されていたユーザIDやパスワードが担当者の交代によって管理されなくなったり、サーバの設置場所が変わることによって、ネットワーク接続や入館手続きに不備が生じるなど、環境の変化によって前提条件も変化する。要員交代や組織変更、設備機器の追加や更新など、前提条件の変化をもたらす環境の変化はいつでも起きうる。ログイン認証や入館手続き、データの暗号化など、最初のうちは緊張感を持って運用されていたにかかわらず、問題が起きることなく習慣のようにただ決められたことだからというだけで長く運用される中で、危機感が低下し、いつのまにか形骸化してしまうということになりかねないのである。現場パトロールやログ解析、監査といった前提条件の変化を監視するための対策ですら、なれ合いになってしまい、有効性を失ってしまうことがある。前提条件の変化はセキュリティホールを生み出してしまう主要な原因の一つである。最終退出者による施錠や社外訪問者への声かけなど、当たり前すぎて検証することなく、やり過ごしてしまっている前提条件が、有効性を失うことなく機能しているかについて定期的に点検することがセキュリティマネジメントをまわす上で必要不可欠であると言っても過言ではないのである。

4　固有リスクへの対策後に残る残存リスクと派生リスク

◈残存リスクに対する油断が狙われる

　固有リスクに対する何らかの有効なセキュリティ対策が講じられたとしても、全てのリスクを予防することはできない。そこには残存リスクと呼ばれる防止しきれないリスクが後に残る。ログイン認証ではディクショナリアタックやブルートフォースアタックによるパスワード解析が、障害対策ではバックアップ媒体の障害が、ウイルス対策ではパターン更新前感染といった残存リスクが残ることとなる。残存リスクの大きさが許容できる程度を越えている場合は何らかの対策を講じなければならない。ログイン認証ではわざと文字の角度を変えたり線を重ねたりすることで読みにくくした文字を入力させる画像認証を追加したり、障害対策では複数の媒体によるバックアップやバックアップ媒体の世代管理が、ウイルス対策では定期的な感染ファイルのスキャニングなどが行われることになる。

　しかし、残存リスクをゼロにすることは不可能であり、必ずしも予防策が必要となるわけではない。損害が発生した場合は事業継続による対応とすることとしたり、コンピュータ保険による損害補填を考えるといったように、残存リスクを許容した上での対策を検討することも必要なのである。

図表4-5　残存リスクの評価と対策例

固有リスク	対策	残存リスク	追加の対策
不正アクセス	ログイン認証	正当ユーザによる不正アクセス	ログファイルの取得と分析
ウイルス感染	ウイルスチェック	パターンファイルの更新漏れ	パターンファイルの更新状況の確認
機密情報の漏えい	暗号化	暗号化の設定漏れ	暗号化に対する教育と監査
システム障害	バックアップ	バックアップ媒体の障害	バックアップの世代管理

第Ⅰ部　企業経営における情報セキュリティの意義

◈情報セキュリティ対策で生まれる派生リスク

　派生リスクもまた固有リスクへの対策後に発生する。残存リスクと違うのは残存リスクが固有リスクの一部であるのに対して、派生リスクは元の固有リスクとは全く異なるリスクだという点である。元の固有リスクとは全く異なるリスクが新たに発生するという点において、派生リスクは残存リスクよりもたちが悪く危ないものであると言える。情報セキュリティ対策を講じることで予期しないリスクが生じるのである。典型的な派生リスクとしては、暗号化に使用したパスワードの紛失による復号不能や、バックアップ媒体や認証キーの盗難、アクセス監視や障害復旧のために蓄積されたログファイルへの不正アクセスなどがあげられる。先に紹介した画像認証にも派生リスクが存在する。システム利用者の中に目の不自由な身障者がいた場合、システムを利用することができない。

　固有リスクに対するセキュリティ対策と比べると、残存リスクや派生リスクの重要性はあまり意識されていないことが多い。しかし、多くのセキュリティホールが固有リスクによるものではなく、固有リスクに対するセキュリティ対策後の残存リスクや派生リスクに起因していると思われる。リスク分析の実施においては残存リスクと派生リスクまで洗い出しておくことが大切なのである。

図表4-6　派生リスクの評価と対策例

固有リスク	対策	派生リスク	追加の対策
機密情報の漏えい	暗号化	パスワードの紛失による復号不能	パスワード管理に対する教育と監査
システム障害	バックアップ	バックアップ媒体の盗難	バックアップの施錠

5　対策同士の衝突で起きる対立関係リスク

❖無計画なセキュリティ対策同士による予期せぬ衝突

　医薬品の飲み合わせや食品の食べ合わせによってアレルギーが発生するように、セキュリティ対策の組み合わせによって対立関係リスクが発生する恐れがある。機密保護のために電子メールに暗号化した文書を添付する場合、暗号化する前にウイルスチェックしておかないと、電子メールの送受信時にウイルススキャンできないため、送信先にウイルス感染した文書を送付してしまう恐れがある。情報漏えい対策としてのVPN（仮想的な専用回線サービス）においても同様の問題が生じる。SSLを利用したVPNはインターネット回線上で利用することができるが、一方で暗号化通信となるため、どのような通信が行われているかをログ監視することができない。悪意の社内ユーザが外部の仲間に社内情報を不正にデータ送信していたとしても、誰にも気づかれることなく証拠も残らないのである。

❖セキュリティ対策の対立関係がもたらす重大なセキュリティホール

　暗号化された添付ファイルはウイルススキャンできないだけでなく、フィルタリングすることもできない。電子メールフィルタでは、外側からのスパムメールを事前に除去したり、内側から従業員が出す電子メールのタイトルや本文を調べて情報漏えいやインサイダーなどの違法メールの送信を止めることができる。同じように、Webフィルタでは、従業員が危険なWebページにアクセスしようとした場合に閲覧を止めることができる。しかし、いずれの場合においても、暗号化されてしまうとフィルタリングすることができないのである。そもそも、ウイルス対策やインサイダー取引などをセキュリティツールだけで防ごうとすることに問題があるのであり、従業員に対するセキュリティ教育や日常パトロール、セキュリティ監査といったマネジメント活動なしでは効果的なセキュリティ対策を実現することはできない。添付ファイルを暗号送信する前にウイルス

チェックすること、暗号化された添付ファイルは復号化した時点で速やかにウイルスチェックすることを従業員教育しておくことや、暗号通信を使った違法行為が行われていないかについて日常パトロールやセキュリティ監査を実施することによって、個々のセキュリティ対策の有効性を確保することが可能となり、対立関係リスクの発生も防ぐことができるのである。

図表 4-7 対立関係リスクの評価と対策例

固有リスク	対策	対立関係リスク	追加の対策
機密情報の漏えい	暗号化	暗号ファイルに対するウイルスチェック不能	ウイルスチェック後の暗号化に対する教育
ウイルス感染	ウイルスチェック		
機密情報の漏えい	VPN など暗号通信	暗号通信に対するログ収集不能	VPN 開設に対する許可手続き
不正アクセス	ログ監視		

第 II 部 情報セキュリティマネジメントの取り組み

第5章

情報セキュリティマネジメントとは何か

1　経営活動としての情報セキュリティマネジメント

◇企業における情報セキュリティの特性

　そもそも情報セキュリティは何のために行うのだろうか。ISMS（ISO27001）では情報セキュリティを「情報の機密性（Confidentiality）、完全性（Integrity）及び可用性（Availability）を維持すること」を定義としている。機密性（Confidentiality）、完全性（Integrity）、可用性（Availability）の三つは情報セキュリティのCIAと呼ばれ、「機密性」は「見られたくない人に見られないようにすること」、「完全性」とは「正しく完全であること」、「可用性」とは「利用したい時に利用できること」を意味する。言い換えれば、「漏れない」「間違いない」「壊れない」の三つを確保することが情報セキュリティの目的であると言うことができる。ここで問題となってくるのは、誰にとって「漏れない」のか、「間違いない」のか、「壊れない」のかがはっきりしなければ、情報セキュリティの実体が見えてこないということである。一個人が自宅でパソコンやインターネットを利用する上で必要となる情報セキュリティと、企業が取り組むべき情報セキュリティとでは、経験的に違うことは明らかである。だとすれば、個人と企業のCIAにも違いがあるはずである。以下、個人と企業それぞれのCIAについて考えてみよう。

〈個人にとってのCIA〉
　○機密性（Confidentiality）
　　プライバシーや個人情報が守られること
　○完全性（Integrity）
　　パソコンが正しく動作すること、データに間違いがないこと
　○可用性（Availability）
　　パソコンやデータが壊れないこと、ストレスのない処理速度で動くこと

〈企業にとってのCIA〉
　○機密性（Confidentiality）
　　営業機密や個人情報、顧客からの預かり情報など全ての秘密情報を守ること
　○完全性（Integrity）
　　全ての情報システムが正しく動作すること、データに間違いがないこと
　○可用性（Availability）
　　全ての情報システムやデータが壊れないこと、障害からすみやかに復旧すること

　上記にあげたものが全てではないにせよ、個人と企業のCIAを比較するには十分だろう。
　個人におけるCIAは、自分のプライバシーや自分のパソコンを守りたいという意味において明確である。これに対して企業におけるCIAは対象範囲が広く漠然としている。守るべき対象となる「全ての秘密情報」や「全ての情報システムやデータ」が何を指すのかを明確にしない限り、具体的に何をすればいいのかが見えてこないのである。

◇経営者責任としての情報セキュリティ
　企業におけるCIAの対象範囲を絞り込むための手がかりは、企業を法人に読み替えることによって見えてくる。個人にとって大切なものが自分

のプライバシーや自分のパソコンであるならば、法人にとっての大切な何かがあるはずである。営利、非営利を区別しないとすれば、企業は一定の計画に従って、継続的意図を持って経済活動を行う独立主体であると定義することができる。そして、その実質的な主体は経営者である。だとすれば、法人にとって大切なものは経営を左右するような貴重な資産であり、CIA の対象範囲は経営にとっての貴重な情報資産であるということになるのである。経営にとっての貴重な情報資産を守る責任は当然、経営者に帰すべきものである。営業機密を流出させて利益の源泉を失うことも、個人情報や顧客からの預かり情報を漏えいして賠償責任を負ったり企業信用を失うことも、経営責任として許されることではない。会社法や金融商品取引法（J-SOX 法）では、「業務の有効性・効率性」「財務報告書の信頼性」「法令遵守」「資産の保全」という四つの内部統制に取り組むことを企業に求めている。「資産の保全」には当然に情報資産の保護も含まれていることは言うまでもない。中小企業には内部統制の体制整備の義務がないだけであり、経営者責任としてこれら四つの内部統制は当然に課せられている。

　経営者一個人の力だけで社内の内部統制を確保できなければ、結果的に内部統制の体制を整備せざるを得ない。大企業、中小企業の例外なく IT への依存度が高まる一方の中で、特に情報資産の保全のための内部統制の仕組み―情報セキュリティマネジメント―を整備することが不可欠となっているのである。

図表 5-1　内部統制における四つの目的

　内部統制とは、基本的に、業務の有効性及び効率性、財務報告の信頼性、事業活動に関わる法令等の遵守並びに資産の保全の 4 つの目的が達成されているとの合理的な保証を得るために、業務に組み込まれ、組織内のすべての者によって遂行されるプロセスをいい、統制環境、リスクの評価と対応、統制活動、情報と伝達、モニタリング（監視活動）及び IT（情報技術）への対応の 6 つの基本的要素から構成される。

金融庁「財務報告に係る内部統制の評価及び監査に関する実施基準」より引用

第Ⅱ部　情報セキュリティマネジメントの取り組み

図表5-2　資産の保全の対象となる情報資産

> 　資産には、有形の資産のほか、知的財産、顧客に関する情報など無形の資産も含まれる。組織においては、資産の取得、使用及び処分に係る不正又は誤謬を防止するため、資産が正当な手続及び承認の下に取得、使用及び処分される体制を整備することが求められる。仮に正当な手続及び承認の下に取得、使用及び処分が行われていない場合には、すみやかに発見して対応を図る体制を整備し、運用することが求められる。

金融庁「財務報告に係る内部統制の評価及び監査に関する実施基準」より引用

◈経営者のリーダーシップと従業員の参画意識

　情報セキュリティの確保が経営者責任であるとすれば、その実現のために経営者自身がリーダーシップを発揮することは当然に必要なことであろう。しかし、その一方で、企業は経営者一人だけで動かせているわけではない。様々な部署で働くマネジャーや従業員が分業連係することによって、会社全体を機能させている。経営者が指揮者としてタクトを振っているとすれば、従業員は演奏者にあたる。だとすれば、演奏者である従業員もまた情報セキュリティの取り組みにおいて不可欠なメンバーとして参画すべきことは当然のことである。それでは、指揮者としての経営者と演奏者としての従業員に求められる役割はどのようなものだろうか。経営者は、経営という演奏においてどのパート（業務）を強調し何の楽器（資産）を活用するのかを示さなければならない。従業員は、自分が受け持つ楽器（資産）の調子（状態）を管理するとともに、演奏（利用）能力を高めるために日々訓練しなければならない。しかし、現実には、経営者は楽曲（経営戦略）の指揮（マネジメント）についてあまり熱心でなく、演奏家は自分が受け持つパート（業務）について不勉強であり、楽器（資産）もしっかり手入れしていないということが起きてしまっている。

　情報セキュリティの取り組みについて考える場合、演奏テクニックにあたるような個々のセキュリティ技術の導入から始めるのではなく、まさにオーケストラの運営にあたる経営活動としてのマネジメント活動——情報セキュリティマネジメント——をどのようにまわしていくのかについて考

第5章　情報セキュリティマネジメントとは何か

えるところから始めなければならないのである。

◈継続的なマネジメントとして取り組む情報セキュリティ

　ISOではマネジメントを、「組織を方向づけ、制御する統制された活動」又は「組織を指揮、管理する体系的活動」としている。ドラッカーはマネジメントの役割を、「共通の目標・価値観を持つ人たちが、適切な組織をつくり、訓練と研鑽によって、共同で成果を上げられるようにすること」としている。まさに、情報セキュリティのCIAを確保するために経営者と従業員が一体となって取り組む姿は、マネジメントそのものではないだろうか。

　ISO27001やプライバシーマークはマネジメントをまわすための仕組みであるマネジメントシステムを審査するものとなっている。しかし、企業が本来目指すべきことは高度なマネジメントシステムを構築することではない。シンプルなマネジメントシステムであっても、それをしっかりとまわすこと、つまりマネジメントすることである。認証取得や更新審査の時だけ、マネジメントシステムを形だけまわしているような姿は本来的ではない。本書のタイトルを情報セキュリティマネジメントシステムとせず、情報セキュリティマネジメントとしている理由もここにある。本当に大切なことは、「そのセキュリティ対策は本当にまわし続けることができるのか？」と常に問いかけることである。ISO27001やプライバシーマークの規格要求事項が組織の現状レベルに対して難しすぎるのであれば、何も無理をする必要などどこにもない。認証取得のためにまわらないとわかっているセキュリティ対策を形だけ導入することは極めて危険である。そのような行為はいずれ顧客の信用を失う。なぜならば経営者や従業員自身が一番それを知っているからである。

第Ⅱ部　情報セキュリティマネジメントの取り組み

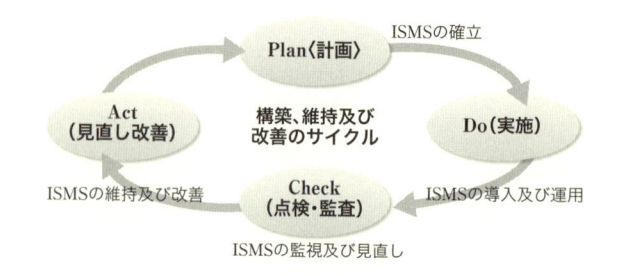

図表 5-3　情報セキュリティマネジメントと PDCA サイクル
IPA 情報処理推進機構サイトより引用
http://www.ipa.go.jp/security/manager/protect/pdca/index.html

2　情報セキュリティマネジメントの進め方

◈経営者による情報セキュリティポリシーの宣言

　情報セキュリティマネジメントの取り組みは経営者による情報セキュリティポリシーの宣言から始まる。より正確に言えば、情報セキュリティポリシーの立案から始まるということになる。情報セキュリティポリシーには、経営者自らが情報セキュリティに真剣に取り組むことを社内外に宣言することによって、従業員など関係者のセキュリティ意識を高めるという意義がある。しかし、それ以上に、情報セキュリティポリシーにはその企業、その組織が取り組むべき情報セキュリティに対する基本的な考え方を示すという大きな意義がある。その意味において、情報セキュリティポリシーをサンプル文書をコピーして作成しても意味がない。企業や組織の事業特性や実情に即して必要となる情報セキュリティの取り組みの方向性を示したものとすることが必要なのである。たとえば、人材派遣業や教育機関や医療機関であれば個人情報保護が重要となることは間違いないだろう。教育機関や医療機関ではさらに、教育記録や医療記録の正確性や完全性を確保することも重要となる。特に、医療機関の場合、検査結果の報告

100

図表5-4　情報セキュリティポリシーの発信例

情報セキュリティ基本方針（情報セキュリティポリシー）

　株式会社○○ではWeb系業務アプリケーション開発を中心とする「ビジネスソリューション事業」と、移動体通信を中心とする組込みソフトウェア開発を行う「ユビキタスネットワーク事業」という二本立てのシステム開発事業を展開する上で、顧客企業様はもちろんのこと、取引先様との間におきましても揺るぎない信頼関係を築きあげることが大前提であると認識しています。当社がより良いITサービスを提供していくためには、情報機器やソフトウェア、設計ドキュメントといった情報資産に対して適切な安全対策を実施し、紛失、破壊、盗難、不正使用などから保護しなくてはなりません。

　そのためには、物理的、技術的な情報セキュリティ強化はもちろんのこと、当社が情報セキュリティに対して高い意識をもち、情報セキュリティを尊重した行動をとることが最も重要だと考えます。

　ここに「情報セキュリティポリシー」を定め、当社が保有する情報資産の適切な保護対策を実施するための指針とします。経営層を含む全従業員及び当社に関連するビジネスパートナーは、本趣旨を理解し、当社が定めるISMS（情報セキュリティマネジメントシステム）の内容を熟知・遵守します。

1.【情報セキュリティの定義】
　情報セキュリティとは情報資産の機密性・完全性・可用性を維持することと定義します。
2.【適用範囲】
　当社の管理下にあるすべての業務活動に関わる情報資産を対象とし、特にシステム開発事業に関わる情報資産について厳格に情報セキュリティを適用します。
3.【管理者の任命と義務】
　各情報資産ごとの管理責任者を任命し、社内組織及びビジネスパートナーにおいて情報資産が適切に取り扱われることを確実にする義務を負います。
4.【セキュリティ対策】
　当社で取り扱う情報資産に応じて、顧客との契約など事業上の要求事項はもちろんのこと、ISO27001や経済産業省の「情報セキュリティ管理基準」、その他当社が関連する法令等にもとづいて最適な情報セキュリティ対策を講じるものとします。
5.【従業員の義務】
　アルバイト社員を含む全従業員、及び当社業務に従事する協力社員全てが、「情報セキュリティポリシー」及び当社が定めるISMS(情報セキュリティマネジメントシステム）の内容に準じて行動します。
6.【取引先とのパートナーシップ】
　取引先を重要なビジネスパートナーと考え、共に努力し共に発展する協調関係を築くために、お互いの責任と役割を明確にし情報セキュリティ向上のために継続的なアライアンス強化に努めます。
7.【情報資産の特定とリスク評価】
　情報セキュリティ委員会は当社が取り扱う情報資産を特定し、特定した情報ごとの脅威と脆弱性について評価した上で、その保護のために最適な情報セキュリティ対策を講じるものとします。
8.【個人情報保護】
　個人情報保護法及びJISQ15001（個人情報保護に関するコンプライアンス・プログラムの要求事項）にもとづいて個人情報を適切に管理するものとします。
9.【機密情報管理】
　不正競争防止法に準じて顧客及び当社の秘密情報を管理するものとします。
10.【著作権保護】
　著作権法に準じて著作物を管理するものとします。
11.【情報セキュリティの推進】
　情報セキュリティ委員会を設置して情報資産に対するリスクに対する認知及び対応をすみやかに実施するとともに、組織の戦略的なリスクマネジメントとしてISMS（情報セキュリティマネジメントシステム）を確立・維持し、その継続的改善に努めます。
12.【教育】
　情報セキュリティに関する啓蒙活動を経営層の支持のもと、従業員及びビジネスパートナーに対して定期的に実施します。また、役割遂行のために必要となる知識、技能といった力量確保のために必要となる教育、訓練活動についても実施します。

代表取締役社長　○○　○○

や投薬の指示が誤っている場合、患者の生命をも危うくすることとなる。よくできた情報セキュリティポリシーでは、その企業、その組織の事業プロフィールがしっかりと描かれている。情報セキュリティマネジメントの取り組みの第一歩は自社におけるセキュリティリスクに対する認知から始まると言い換えることもできるだろう。

◇情報セキュリティ推進のための組織体制づくり

次に取り組むべきことは、情報セキュリティポリシーで宣言した内容を具体的に推進していくための組織体制を整えることである。情報セキュリティ推進のための組織体制は二つの面から考えていくことが必要となる。

一つは、情報セキュリティ対策を整備していくための動的組織と、もう一つは情報セキュリティ対策を運用していくための静的組織である。情報セキュリティ対策を整備していくための動的組織は、経営者から特命を受けたメンバーから構成されるプロジェクトチームである。情報セキュリティ対策を運用していくための静的組織とは、組織図や職務権限規程といった形で定義されている通常組織である。

動的組織は静的組織が遂行している現行業務を変革していくためのタスクフォースであり、誰かに任せておけばよいというような他人事の姿勢では、いざ情報セキュリティ対策を運用しようというときになってから動的組織と静的組織との間に軋轢が生じることとなる。静的組織側もプロジェクトチームが情報セキュリティ対策を整備していく段階から参画することによって、実現可能性について協議することができ、事前の理解と運用に向けた課題を明らかにすることができる。また、プロジェクトチーム自体がいつのまにか事務局と名前を変えて運用後も残り続けて静的組織化してしまっている企業も少なくない。

本来、プロジェクトチームは動的組織として、その都度、必要となる人材を静的組織側から抜擢し、タスクフォースのために最高のパフォーマンスを発揮しなければならない。

企業を取り巻くセキュリティリスクは止まってくれることなく日々変化

し続けているのである。

❖四つのアプローチによるリスク抽出

プロジェクトチームによる情報セキュリティ対策の整備においてまず行うべきことは、社内におけるセキュリティリスクの抽出とその評価である。セキュリティリスクの抽出の方法としては、業務フローによって詳細なリスク分析を行うことが望ましい。しかし、実際には事業範囲が広かったり業務規模が大きいために、詳細なリスク分析では時間がかかりすぎることがよくある。そこで利用されるのはベースライン（一定のセキュリティレベル）を利用したリスク抽出である。さらに急を要する場合は、情報システム部など専門部署やIT担当者の経験や判断によってリスク抽出せざるを得ない場合もある。以下、リスク抽出の方法として一般的に知られている四つのアプローチを示しておく。

①ベースラインアプローチ
　ISO27001の規格要求事項や経産省の情報セキュリティ基準など、ベースとなる情報セキュリティレベルを選定し、そのレベルに達しているかどうかリスク抽出する。

②詳細リスク分析
　事業活動ごとの業務フローを追跡し、フェーズごとに情報資産がどのような脅威や脆弱性にさらされているかを詳細に分析することによってリスク抽出する。

③非形式的アプローチ
　情報システム部やIT担当者といった専門家の経験や判断によってリスク抽出する。

④組み合わせアプローチ
　詳細リスク分析をすべての事業活動について実施することが困難な場合に、ベースラインアプローチと詳細リスク分析を組み合わせてリスク抽出する。専門家の経験や判断を活用することによって、業務フローで

は浮かび上がってこない潜在的なリスクを抽出できるメリットもある。

❖脅威の度合いと暴露の度合いから考えるリスク評価

抽出したリスク全てに対してセキュリティ対策を講じることは難しい。リスクの度合いが小さいものまで何にでも対策するというのでは予算的にも運用的にも無駄である。保有する資産（資金、要員、設備等）を最大限に生かせるように、重要性の度合いに応じた対策を講じることが重要となる。

念のためにリスクの意味についてここで確認しておこう。リスクとは、ハザード（危害因子）が引き起こすディザスター（災害）によって被害を被る可能性を意味するものである。ハザードには悪意の不正アクセス者やコンピュータウイルス、記憶媒体の故障などがある。そして、リスクの大きさは、以下の式によって評価することができる。

> リスクの大きさ＝ハザードによる脅威の度合い×ハザードに対する暴露の度合い

通常、リスクの大きさ、また、リスクの大きさを決めるハザードの脅威の度合いも、ハザードの暴露の度合いも、高中低による三段階あるいは1～5までの五段階で評価することが一般的である。ハザードによる脅威には不正アクセスや破壊、改善、紛失、漏えいがある。ハザードによる脅威の度合いは、こうした脅威を受けた場合に被害を被ることとなる情報資産の重要度から評価することとなる。たとえば医療機関の電子カルテが漏えいすることに対する脅威の度合いは明らかに「高」や「5」とすべきだろう。

リスク評価の結果は、大きく分けて以下の四つのグループに分けることができる。

①ハザードによる脅威の度合いもハザードに対する暴露の度合いもともに高いリスク
②ハザードによる脅威の度合いは高いがハザードに対する暴露の度合いは低いリスク

③ハザードによる脅威の度合いは低いがハザードに対する暴露の度合いは高いリスク
④ハザードによる脅威の度合いもハザードに対する暴露の度合いもともに低いリスク

　次に行うこととなるセキュリティ対策の立案においては、これら四つのグループごとに検討することとなる。①のグループは何らかのセキュリティ対策を講じることが不可欠となり、④のグループはセキュリティ対策を講じる必要性について経営者の判断を仰ぐこととなる。

❖セキュリティ対策の立案
　セキュリティ対策の種類には大きく分けて、リスクの回避、軽減、移転、保有の四つがある。リスクの回避とはリスクそのものが発生しないようにしてしまうことで、たとえばリスクを伴う事業から撤退する、業務方法を全く違うものに変更するといったことがあげられる。実際には、リスクがあるからといって、ビジネスをやめることは考えにくいため、業務方法の変更ができる場合に限られるだろう。リスクの軽減とは、ハザードに対する暴露の度合いを低める対策のことであり、ウイルス対策やファイヤーウォール、バックアップといった一般的なセキュリティ対策はこれにあたる。リスクの移転とは、コンピュータ保険のように、リスクが顕在化して損失が発生した場合に補填を受けるといったように、リスクを社外に移転することである。最後にリスクの保有とは、リスクに対して対策を講ずることなく、リスクが顕在化した場合に発生する損失を受け入れるものである。
　これらセキュリティ対策における四つの種類を、前項であげたリスク評価の四つのグループに対する適用で考えると以下のようになる。

①ハザードによる脅威の度合いもハザードに対する暴露の度合いもともに高いリスク

大変危険性が高いリスクであることからリスクをそのまま放置（保有）しておくことはできない。リスクの軽減を図るか、リスクの軽減が難しい場合はリスクの移転を、リスクの移転も難しい場合はリスクの回避を考えざるを得ない。

②ハザードによる脅威の度合いは高いがハザードに対する暴露の度合いは低いリスク

すでに何らかのセキュリティ対策を講じている場合で、その対象リスクが個人情報の漏えいであったり、基幹システムの障害停止といった重大なものという場合が②にあたる。

これ以上のリスクの軽減が難しい場合で、まだ「リスクの大きさ＝ハザードによる脅威の度合い×ハザードに対する暴露の度合い」が十分に小さくない場合は、個人情報保険やコンピュータ保険への加入などリスクの移転を考えることとなる。しかし、あまりにリスクが大きく保険ではリスクを移転することができない場合は、事業継続管理（BCM：Business Continuity Management）を策定して、リスクが顕在化した後の損失を最小限にするためのリスクの軽減策を検討することとなる。

③ハザードによる脅威の度合いは低いがハザードに対する暴露の度合いは高いリスク

リスクの大きさは結果的に②と同程度となるが、放置されていたリスクの危険性が運良く小さかったという意味において問題となる状況である。ディザスターとまでは行かなくともすでに小規模のトラブル程度は起きている可能性もあるだろう。対応としては、あまり負荷のかからない事前予防策を講じるか、トラブル発生を許容した上での事後対応策を講じることとなる。たとえば、システム負荷の増大によるレスポンス悪化といった事態は、Webサーバやメールサーバなどで誰でも経験があるだろう。サーバの仮想化などインフラ増強が最善の事前予防策となるが、費用面で難しければ、利用時間のシフトによるピーク緩和や、事後

対応策として優先順位の低いタスクの切り離しといったことが行われることになるだろう。

④ハザードによる脅威の度合いもハザードに対する暴露の度合いもともに低いリスク

たとえリスクが顕在化したとしても損失は小さく、その発生すらも起こりにくいものに対してまで過剰反応する必要はないため、リスク保有することになる。ただし、ハザードによる脅威の度合いもハザードに対する暴露の度合いも変化し続けていくため、定期的なリスク抽出とリスク評価（合わせてリスクアセスメントと呼ぶ）によって慎重に様子を監視し続けることが必要である。リスク保有における継続監視の必要性は、健康診断によって小さな異常が発見された場合に、「要観察」とされるのとよく似ている。

◎教育訓練によるセキュリティ対策の定着
セキュリティ対策が立案できても実際に運用できなければ意味がない。「経営者による情報セキュリティポリシーの宣言」から「セキュリティ対策の立案」までを整備フェーズだとすれば、「教育訓練」と次の「モニタリングと継続的改善」は運用フェーズである。

整備フェーズでは情報セキュリティの推進を担うプロジェクトチームが中心となって行動していくことになるが、運用フェーズでは通常の静的組織が中心となって進めていくことが必要となる。ここで言うところの教育訓練は、自己啓発的な知識学習とは性質が異なるものであり、どちらかといえば就業前トレーニングといった方が的を得ているかもしれない。実際に業務を遂行する上で必ず遵守しなければならないルールを理解することと、その実施方法を習得することが目的であることから、必然的にプロジェクトチームが策定したセキュリティルールを実業務にどのように適用すればよいかがわかっている者でなければ講師が務まらない。システム部門内のセキュリティ対策を教える担当者はIT要員でもよいかもしれない

が、ユーザ部門内のセキュリティ対策を教える担当者はその部署の人間であることが望ましい。プロジェクトチームは動的組織として必要となる人材を静的組織側から抜擢すべきとしたのはこのためである。実際にセキュリティルールを運用することになる社員が講師となり生徒となって教育訓練を担うことの意義は他にもある。教育訓練の場が運用シミュレーションの場となって課題が浮かび上がり、運用開始までに対策を講じることが期待できるのである。

❖モニタリング

経営者による情報セキュリティポリシーの宣言から始まった情報セキュリティマネジメントの取り組みはモニタリングと継続的改善で終わり、再度、経営者による情報セキュリティポリシーの宣言へと戻っていくこととなる。モニタリングとは監視のことであり、セキュリティ対策が立案どおり有効に実施されているかを検証するベリフィケーションと、立案されたセキュリティ対策が想定していたセキュリティリスクに対して妥当だったかを検証するバリデーションがその目的となる。ベリフィケーションでの問題は教育訓練の見直し強化に結びつく。セキュリティ意識の低下が問題であれば啓蒙教育が、セキュリティルールに対する理解不足や必要技術に対する能力不足が問題であれば対象者に対する手順教育や実技訓練が再実施されることとなる。バリデーションでの問題はリスクアセスメントが不十分であったことを示すため重大である。リスク抽出に問題があると考えられるのであれば、ハザードの脅威が増大化したのか、ハザードに対する暴露が増大化したのか見極めなければならない。新たなハザードが出現した可能性についても検討すべきだろう。

もう一つ、モニタリングにおいて留意すべきことがある。それは、目立たない変化、見えない攻撃に対して、いかに監視することができるかである。まさに、有能な医師や検査技師が微々たる兆しを見逃さず、発病を抑え込むのと同じである。Web制作者のFTPアカウントを狙うガンブラー攻撃では、実際にWebサイトが改ざんされるまで誰も気がつかない。

第 5 章　情報セキュリティマネジメントとは何か

　Web サイトが改ざんされても、Web 感染型ウイルス（Web サイトを閲覧するだけで感染するウイルス）が埋め込まれた Web ページにアクセスした利用者がウイルス感染するまで気がつかない。最近のコンピュータウイルスは身を潜める「見えない化」を進めているため、ウイルス感染した利用者ですら気がつかないままでいることすらあり得る。
　目立たない変化、見えない攻撃を見逃さずに発見するためには、異常が全くない正常な状態との比較を継続的に行うことが必要となる。医療機関による定期検診においても前回の検査結果が比較されるように、情報セキュリティにおけるモニタリングでも比較分析が重要となる。Snort など侵入検知ツール（IDS：Intrusion Detection System）では、Misuse 検知と呼ばれる既知の不正アクセスのパターンと照合する手法と、Anomaly 検知と呼ばれる通常でないアクセスパターンを全て不正候補として検知す

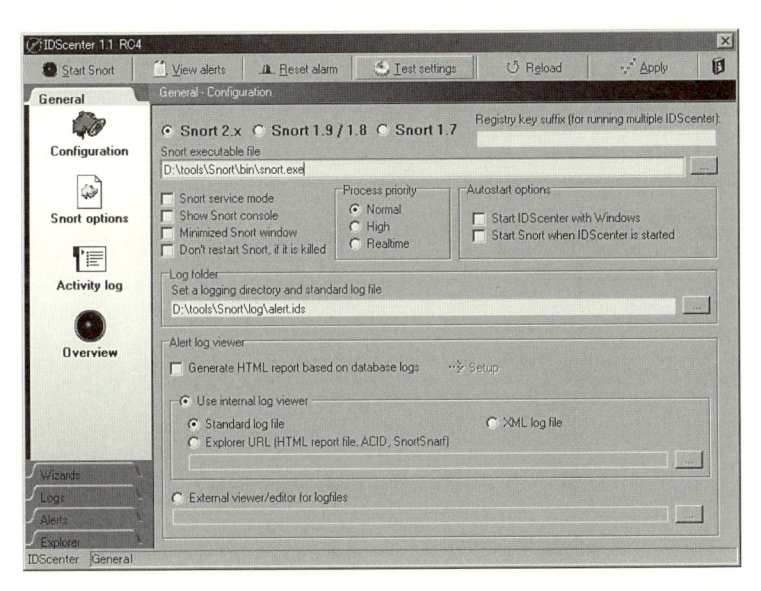

図表 5-5　侵入検知ツール Snort の画面例

日本 Snort ユーザ会サイトより引用
http://www.snort.gr.jp/docs/idscenter/snort_and_idscenter_6.html

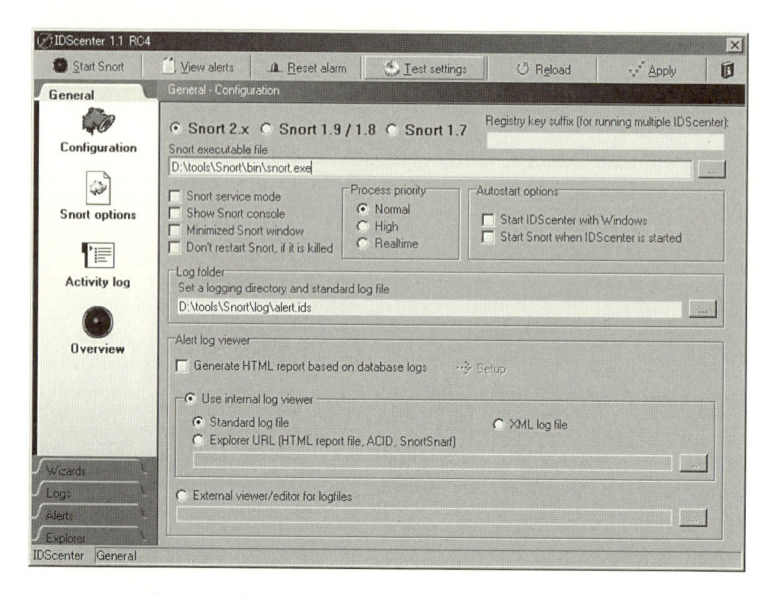

第Ⅱ部　情報セキュリティマネジメントの取り組み

図表5-6　整合性チェックツール Tripwire の画面例

トリップワイヤ・ジャパンサイトより引用
http://www.tripwire.co.jp/

　る手法が併用されている。

　Anomaly 検知はまさに、正常な状態との継続的な比較を行うものだが、たとえ検知されたとしても運用担当者が検知情報を無視すれば意味がない。また、Tripwire と呼ばれる整合性チェックツールでは、サーバが安定している状態をベースラインスナップショットとして記録しておき、このベースラインとサーバの稼動状況を比較することで、変更や改ざんがあったことを検知する。なお、暗号化によってベースラインそのものが改ざんされないようにされている。しかし、Tripwire の利用においても、運用担当者が検知情報を無視すれば意味がない。セキュリティ対策を無人で自動化しようと考えても無理であり、高度なセキュリティツールを使うことによって、新たなぜい弱性やセキュリティホールが生まれる可能性があるということを忘れてはいけないのである。

3　システム企画、開発における情報セキュリティ

◈情報セキュリティが重視されないシステム企画

　情報セキュリティ対策はシステム運用に関する課題として議論されることが多いが、本来的にはシステム企画の段階において議論されていなければならないものである。システム企画時においてセキュリティリスクが抽出されていれば、必要なセキュリティ対策がシステム要素として開発、運用されることになる。過去に企画、開発されたシステムに対して後からリスク抽出するのでは、事後的であるだけでなく、システム内部にあって表に見えないリスクを見落としてしまう恐れもあるのである。たとえば、そのシステムがどこに設置され、どこからアクセスできるかという点においても、物理的なサーバの位置やネットワーク機器の台数、利用者の範囲といったシステム環境の現状を把握することはできるとしても、内部的に設けられた外部システムの呼び出しやデータベースへのアクセス、デバック用に設けられた特殊なコマンド機能といったシステム特性は、システム設計書やプログラムソースを読み込まない限り見つけることができない。言い換えれば、システム仕様を保証するような契約書やドキュメントが提供されていないようなシステム―退職した社員が残したExcelマクロや、保守契約もなく品質保証されない古いシステムなど―に対するセキュリティ対策には限界があるということである。家電や産業機械など一般的な設備機器では取り扱い注意書きが必ず付属する。情報システムの納入においてもセキュリティ要件が納品物の一つとして提供されるべきものなのである。事実、IPA（情報処理推進機構）が運営するITセキュリティ評価及び認証制度（JISEC：Japan Information Security Evaluation and Certification Scheme）の認証を受けたシステム製品では「動作環境の前提条件」としてセキュリティ要件を提示しなければならないことになっている。

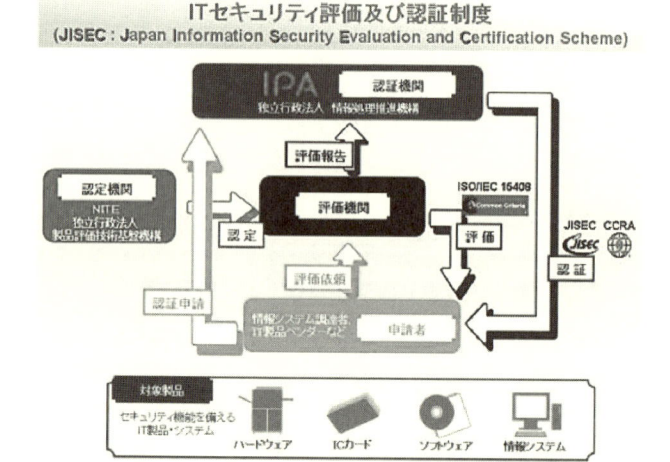

図表 5-7　IT セキュリティ評価及び認証制度

IPA（情報処理推進機構）サイトより引用
http://www.ipa.go.jp/security/jisec/scheme/index.html

❖セキュリティリスクを最小化するセキュアシステムの設計

　情報システムに要求される品質要件の多くはセキュリティ要件となる。

　処理結果が正しいこと、安定稼働することは情報システムとして当然に要求されるものであり、正しい処理結果を確保するためには正当なユーザからしかアクセスを受け付けないという不正アクセス対策も必要となるはずである。情報システムの構造は、入力、処理、出力の三つに大きく分けことができる。入力では正しいデータだけが入力されるという正確性、必要なデータが全て入力されるという完全性、マスタ登録など正当な権限のあるユーザだけが入力できる正当性が確保されなければならない。そのためには、入力チェックやログイン認証といったシステム機能が用意されることとなる。ネットショップで問題となる SQL インジェクション―入力画面からデータベース検索言語である SQL の一部を意図的に入力することでシステムが意図しない結果を表示させる不正アクセスの手口―は、まさにこうした入力チェックに対する設計が不十分であるために攻撃を受け

るものなのである。次に処理においては、入力データが正しく処理（計算や分類、加工など）されなければならない。当然のことながら、プログラムバグが残ってしまえばシステムは永久に誤った処理をし続けることとなる。また、OS や Web ブラウザなど多くのシステム製品によって、セキュリティ上のぜい弱性を修正するパッチが日々提供され続けている、プログラムバグとまでは言えなくても、セキュリティ上のぜい弱性があれば不正アクセスの攻撃にさらされてしまうのである。最後に出力では、まさに情報漏えいが問題となる。バックドアと呼ばれる不正アクセスのための裏口がプログラマによってあらかじめ仕込まれることがある。バックドアとまではいかなくても、データウェアハウスソフトなどのようなデータアクセスツールを使って誰でも自由にシステム上のデータにアクセスできるようにしておくことは珍しいことではない。しかし、データアクセスツールの利用が自由であるということは、データを持ち出すことも、紛失してしまうことも起こりうるということである。個人情報であれば、個人を特定できないようにデータをマスク化するなどの対策も検討するべきだろう。

　残念ながら、IPA の IT セキュリティ評価及び認証制度を利用するシステム製品は、セキュリティ関連のものが多く、業務系のパッケージソフトで認証取得を受ける例はまだまだ少ない、企業がオーダーメイドでシステム開発を委託する場合に、セキュリティ認証をシステム化要件として要求することも一般的とはなっていない。システム企画、システム設計時における情報セキュリティの取り組みは今後の大きな課題といえるだろう。

4　システム運用における情報セキュリティ

◈データオーナー不在の情報システム

　システム運用における情報セキュリティ上の問題としては、そもそも守るべきデータの管理責任者がはっきりしないことをあげることができる。システム部門は、業務データ自体の管理責任はユーザ部門にあると考

え、ユーザ部門はシステムのことは全てシステム部門に任せていると考えていることが多い。業務に直接関係する取引データや業務基準データの場合はユーザ部門に管理意識があり、ネットワーク設定パラメータなどシステム基盤に関連するデータの場合はシステム部門に管理意識があるが、バックアップやログファイル、ユーザ情報といった個々のシステム運用に必要となるデータについては、システム部門とユーザ部門のどちらに最終的な管理責任があるのかはっきりしていないことが少なくない。情報システムと同じように、データについてもオーナー部署を明確に定義しなければ、情報セキュリティ確保のための責任権限を設計することはできないのである。

◈ 境界がはっきりしないアクセス制限

システム運用における情報セキュリティ上の問題としてもう一つ、アクセス制限における境界がはっきりしないことをあげることができる。セキュリティ上の境界には社屋内の部屋割りなどの物理的な境界とネットワーク的な境界、そして組織上の論理的な境界がある。物理的な境界では、会議室や書庫といった部署間で共同利用される場所や設備に対するアクセス許可があいまいだったり、業者との受け渡し場所がどこまでなのかがはっきりしなかったりする。業者との受け渡しでは、立ち会いなしでの荷降ろしや積み荷作業が行われることもある。ネットワーク的な境界では、ユーザ部門が勝手にルータやアクセスポイントを導入することによって、システム部門が把握していない端末機器が社内ネットワークに接続されてしまうことになる。社内ネットワークに接続されている端末機器で、データ通信カードやモバイルWiFiルータなどを使ってインターネット接続することによって、社外から社内ネットワークにアクセスできるゲートウェイとなってしまう恐れもある。

最後に論理的な境界では、アクセス権限を持つ範囲を示す組織対象者として具体的に誰が入るのかがはっきりしないことがあげられる。たとえば、委託先にリモートメンテナンスもためのユーザIDとパスワードを発

行する場合、具体的に委託先の誰が使うのかが明確になっていないことがある。もし、委託先の再委託先の担当者、さらにはその先の再々委託先の担当者までがそのユーザIDを共有しているとすれば、もはや誰がアクセスしたのか特定することができなくなるのである。

◈現実的な危機感が持てない運用担当者

　システム運用の段階における情報セキュリティマネジメントの難しさの一つとして、運用担当者が現実的な危機感を持ちにくいことをあげることができる。ウイルス対策の必要性はセキュリティベンダーによる広告宣伝の効果もあって認識が高まっているが、不正アクセス、さらにはソーシャルエンジニアリングについては現実感がないのが実情ではないだろうか。

　特に、起きる可能性が低いが起きてしまうと致命的というリスクでは、セキュリティ対策が形骸化しやすい。運用担当者に現実的な危機感を持たせるためには、地震や火災対策で行われる避難訓練と同じように、単なる知識教育ではなく現実感を持つための訓練を実施すべきである。たとえば、不正アクセス役による不審行動を発見したり、機密情報が漏えいした場合の緊急連絡や広報、システム障害時におけるリカバリや業務連絡といった、実際に起こりうるシナリオにもとづいた訓練を行うのである。不審者や発見者といった役を決めたロールプレイングゲームとして訓練を実施することも、セキュリティリスクを体感する上で効果があるだろう。

◈セキュリティ事故に共通する事前の兆し

　セキュリティ事故の前には必ずそれを知らせるように事前の兆しがあるものである。たとえば、新人の加入やベテランの異動、退職などによるチームワークの乱れや業務引継の不足に起因する作業伝達や連携ミスといったものや、現場で緊張感が薄れることに起因する机の上の資料放置やパソコン画面の消し忘れといった規律の乱れなどがあげられる。こうした小さなルール違反が蔓延していくことによって、作業記録の付け忘れや省略記載、訪問者に対する無関心、委託先業務の確認頻度の減少といった、

重大なセキュリティ事故につながりかねない大きなルール違反へと結びついて行くのである。こうしたことを起こさないためには、事前の兆しを見逃さないように日常の業務パトロールや定期的な業務監査を実施することが重要となる。しかし、事前の兆しを見逃さないために行うべき日常の業務パトロールや定期的な業務監査自体がマンネリとなり真剣さが薄れていくということもある。教育訓練にしても教える側がマンネリとなり真剣さが薄れているということが起きていないだろうか。セキュリティ事故に結びつきかねない最も大きな兆しは、セキュリティルールに取り組むべき「人」の意識低下である。「人」の意識低下を起こさせないためには、教育や監査が不可欠であり、そして教育や監査自体のマンネリを防止しセキュリティマネジメントの取り組み全体の有効性を維持し続けるためには、経営者自身がセキュリティの重要性について口がすっぱくなるまで声をかけ続けることが必要なのである。

第6章

経営者が推進する情報セキュリティマネジメント

1 経営方針としてのセキュリティポリシーを宣言する

❖セキュリティポリシーが持つ三つの意義

　情報セキュリティマネジメントの取り組みにおいてまず経営者が行うべきことは、セキュリティポリシーの策定と発信である。セキュリティポリシーを策定する意義は三つある。

　一つ目は経営戦略としての意義であり、二つ目は品質保証としての意義であり、三つ目は行動指針としての意義である。一つ目の経営戦略としての意義とは、情報セキュリティの確保が経営上の重要課題であることを従業員や委託先に対して認識徹底させることを意味する。二つ目の品質保証としての意義とは、顧客など関係者に対して情報セキュリティマネジメントへの取り組みによって商品やサービス、さらには経営品質を保証することを意味する。三つ目の行動指針としての意義とは、従業員や委託先が日常の業務遂行において行動選択に迷った時に参考とすべきモデル行動を提示することを意味する。

　以下、三つの意義ごとにセキュリティポリシーに記載すべき内容について見ていくこととする。

❖経営戦略としてのセキュリティポリシー

　経営戦略としてのセキュリティポリシーに記載すべき内容としては、当該組織が置かれている経営環境を踏まえてどのような情報セキュリティの

取り組みが必要となるのかについて明示することが必要である。漠然と情報セキュリティの重要性を説くだけでは、従業員や委託先はなぜ情報セキュリティが必要なのかについて腑に落ちた理解ができない。通販事業者や医療機関など個人情報を取り扱う企業であれば、消費者や患者の個人情報の漏洩がいかに多くの人を苦しめ、自社も窮地に追い込まれるかについてアピールすべきだろう。研究機関や製造業者であれば、試験研究情報や試作情報の流出が客先に対して多大な経済的被害をもたらすだけでなく、場合によっては武器開発など社会不安すら生み出しかねないことをアピールすべきだろう。通信事業者や電力会社、データセンター、交通機関など社会インフラ関連企業では、システム障害や業務の混乱が市民生活や企業活動をストップさせかねない社会的責任をアピールすべきだろう。経営戦略としてのセキュリティポリシーの内容は組織の置かれている経営環境によって千差万別となるものである。どこにでもあるようなサンプル文書をコピーして作文することなく、経営者自身が内容検討することが不可欠なのである。

◈品質保証としてのセキュリティポリシー

電子商取引を行っているか否かにかかわらず、企業における業務遂行はコンピュータに依存している。情報システムの停止は取引停止につながりかねず、取引情報の漏えいや改ざんは取引金額にとどまらず、信用失墜や営業機密の悪用など取引先に致命的な損失をもたらす恐れがある。ビジネスにおけるIT利用が日常化している現代社会においては、情報セキュリティマネジメントは特殊な取り組みとしてではなく、あらゆる企業において商取引が無事に遂行されることを確実にするための取り組みとして認識されなければならなくなってきている。セキュリティポリシーもまた、客先に対して情報セキュリティマネジメントの取り組みを宣言することによって安心を与えるという、品質保証としての意義の重要性が高まってきている。セキュリティポリシーが宣言されていないような企業と取引することは、発注元企業側におけるセキュリティ責任も問われかねないのである。

◈行動指針としてのセキュリティポリシー

　情報セキュリティマネジメントの実際における取り組みは部署ごと業務ごと様々なルールに基づいて実施されることとなる。しかし、どれだけセキュリティリスクの分析と対策設計を精緻に行おうとも、現場では想定し得ない問題に遭遇することがある。そうした場合、適切な行動をとれるかどうかは、自社における情報セキュリティの意義について本質的に理解できているかどうかにかかっている。本来あるべき姿を思い描けてはじめて、目の前の問題状況に対する行動を決めることができるのである。セキュリティポリシーは、まさに情報セキュリティの意義――なぜ我が社にとって情報セキュリティの取り組みが必要なのか――を経営者自身が宣言したものである。緊急事態に遭遇した従業員はセキュリティポリシーを判断基準として経営者の代わりに行動しなければならないのである。行動指針としてのセキュリティポリシーとして記載すべき内容は、経営戦略としてのセキュリティポリシーや品質保証としてのセキュリティポリシーとしてすでに記載されているはずである。

　その上でさらに行動指針としてのセキュリティポリシーとしての意義を高めるのであれば、想定外の事態において参考となるような行動モデルを例示することが有用となる。

　それはまさに戦国武将が家来に示した家訓と同じような内容となるはずである。究極の選択を迫られるような場面での行動模範を示すことは昔も今もトップの役割なのである。

2　経営者自身が守らなければならないルールをつくる

◈正式ルールを骨抜きにする暗黙のルールの存在

　組織は規程規則など社内ルールを持っている。しかし、その社内ルールが必ず守られているかというと、残念ながらそうとは限らないのが実情ではないだろうか。企業を取り巻く経営環境の高度化によって、社内ルール

は増える一方で廃止されるものはほとんどない。

　社内ルールの中には社員が見たことも聞いたこともないようなものもあったりする。定款や就業規則のように企業であれば必ず存在するような社内ルールであっても、創業以来、見直しされておらず、誰も関心を持っていないということも少なくない。反対に、正式なルールではないにもかかわらず、現場の誰もが従っている暗黙のルールというものが存在する。守られているという意味では暗黙のルールの方が本来的なルールのように見えるが、経営者が承認していないという致命的な欠陥がある。東海村のJCO核燃料加工施設における臨界事故は、社内ルールに対する重大な違反が原因となって起きたものである。知らない、わからない、できるわけがない、という状態のルールを乱発していては事故を誘発しかねない。ルールは守るべきものである前に守ることができるものでなければならない。ルールを守らないとどうなるのか、守ることによってどんな意義があるのかについて徹底的な啓蒙教育を行うことによって、ルール遵守に対する納得感を社内形成することが不可欠なのである。

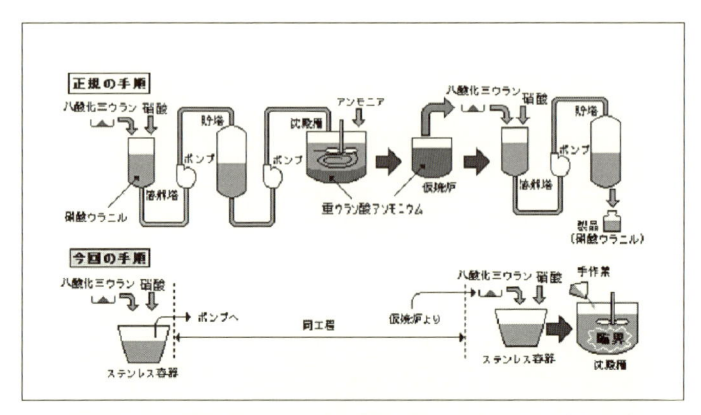

図表6-1　東海村のJCO核燃料加工施設における臨界事故

日本原子力産業協会サイトより引用
http://www.jaif.or.jp/ja/news/1999/1207-1.html

第6章　経営者が推進する情報セキュリティマネジメント

❖経営者自らが率先垂範する高セキュリティ企業

　セキュリティポリシーは経営者が策定して内外に発信するべきであることはすでに述べたとおりである。しかし、セキュリティポリシーに有効性を持たせるためには、まだそれだけでは足りない。経営者自身が率先してセキュリティポリシーを実践してみせなければならない。戦国時代の武田軍は赤備えと呼ばれる精鋭部隊を持っていたことで有名だが、それを率いた信玄は「甲州法度之次第」という家訓を定めていた。その第五十五条には以下のように記されている。

> 「晴信の刑儀その外の法度以下において、意趣相違のことあらば貴賤を選ばず目安をもって申すべし。時宜によりその覚悟をなすべし。」

　ここでいう「貴賤を選ばず」とは領主である信玄自身であっても規律を破ることがあったならば切り捨ててよしという意味を持つ。信玄は命をかけて家法を守ろうとしていたのである。

　武田軍の強さは石垣でも城でもなく人にあった。人を統率するために自らさえも束縛する規律を信玄はつくったのである。経営者自身も知らない規程が乱立する名ばかりのコンプライアンス経営では、誰もそれを守ろうとする気持ちを持つことができない。信玄が身をもって示したように、経

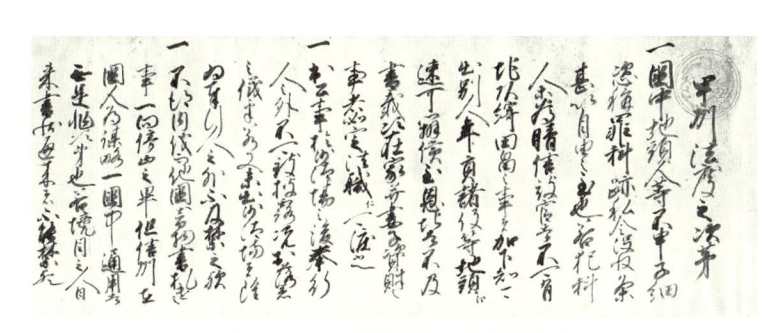

図表6-2　武田家の甲州法度之次第

東京大学附属図書館・情報基盤センターサイトより引用
http://rarebook.dl.itc.u-tokyo.ac.jp/koshu/

121

営者自らがセキュリティポリシーを率先垂範することによって、組織は強くなるのである。

3 おかしいことはおかしいと言える環境づくり

※しかたがないがまかり通ってしまういいかげんな職場

せっかくセキュリティポリシーを策定したのに守ってくれないのでは意味がない。経営者が考えたセキュリティポリシーを堂々と無視する社員はさすがにいないと思うが、守れなくてもしかたがないと思っている社員はかなりいるのではないだろうか。しかたがないがまかり通ってしまうような職場は少なくない。その原因としてはモラルやモチベーションの低さといった守る側の問題が考えられるが、守らせる側にも問題がないわけではない。

厳しすぎてとてもできそうにない目標を掲げたり、守らない社員がいたとしても誰も何も言わないというのがそれである。決められたことは守ることが当たり前、守らないことはおかしなことという健全な職場を形成することは簡単そうで実は簡単ではない。朝礼や通達などでルール遵守を徹底したところで、同じやり方、同じ話を繰り返していてはマンネリ化してしまう。

しかたがないが通ってしまういいかげんな職場にしてしまわないようにするためには、まず、目標の設定にあたって、努力すれば必ずできる内容とすることが必要となる。できるわけがないという言い訳の機会を与えないことが重要なのである。そして、おかしいことはおかしいと言える環境をつくっていくことも必要である。日常でのパトロールや定期的な業務監査はルール違反を発見し改善を促すために有効となるが、それ以前の問題として社員自身が、これでいいのか、これではまずいと自問自答するような就業意識を持つようにしていかなくてはならない。そのためにはやはり啓蒙教育が必要となってくる。セキュリティポリシーの有効性を確保

するのもセキュリティポリシー自身であり、経営者自身が自分の声として気持ちとして、セキュリティポリシーの内容を社員一人一人に語りかけてコンプライアンス重視を自社の企業風土として定着させていくしかないのである。

◈正論を尊重する風土を失った崩壊オフィス
　いつの時代においても理想と現実は一致しない。しかし、だからといって理想を捨てて現実だけを追いかけていては進歩がない。正論ばかり言っていては仕事が進まないと現実主義者ばかりが勝ってしまう組織では、いつかしら正論主義者は口をふさいでしまうこととなる。正論あっての現実対応であり、正論に向けた勇気ある後退ということでなければ正論主義者を説得することはできない。目標の設定にあたっては努力すれば必ずできる内容とするべきであることを先に述べた。しかし、それは手を抜いたり楽をするということを目指すものでは当然ない。正論としてのあるべき姿を目指しながらも現実の組織レベルを認識した上で、今よりも一つ上の水準を目指すものでなければならないのである。たとえ、現実の組織レベルを考慮して目標設定したとしても、それは当面の目標であって最終的に目指すべきセキュリティの目的は正論としての内容であるべある。当面の目標がセキュリティ自体の目的にすり替えられてしまっていないだろうか。本来の意義、そもそもの目的を忘れることのないように正論を尊重し、まだ先にある最終目標とすでに到達した中間目標とを比較できてはじめて改善や成長が生まれる。職場に正論を言う人間がいなくなってしまうことが最も恐いセキュリティリスクと言ってもよいかもしれない。

◈バカの壁をつくらない風通しのよい職場とは
　養老孟司氏は『バカの壁』という著書の中で、そもそも人にはバカの壁があって理解し合えないとした。人には得意不得意や好き嫌いなどが、生まれ育ちや経験、知識によってそれぞれ専門分野があり、その専門分野以外からは距離を置いて、わかろうとしない。わかろうと努力する場合で

あっても自分の専門分野に合うように解釈しようとするため、当たり前のことですら伝わらないのである。「話せばわかる」「誠意を尽くせば通じる」はうそであり、耳をかさない人間に話が通じるわけがない。営業担当者は製造要員の気持ちを理解できない、システム部門はユーザ部門の考えを理解できない、経営者は社員の思いを理解できないのは当然なのである。問題はそこで思考を止めてしまうか、努力しようとするかだけの違いである。

『バカの壁』から得られる教訓は、人はそもそもわかり合える存在ではないというところからスタートして、ルールづくりや教育、監査を進めていくことが必要だということである。お互いの価値観を形成するバックボーンが異なるということ、そこから生まれる思いや考えは違って当然であるということをわかった上で、コミュニケーションしようとするならば、どうしてこんなことをしようとするのかという動機の説明からはじめるといった、冗長なくらいの説明が必要になるだろう。教育においては誤解を解くために徹底的な議論が必要であり、監査においては指摘の意図がしっかり伝わったのかを確認するためにフォローアップ（改善状況の確認）が重要となる。そして、バカの壁が本来的に解消できないものだとすれば、社員によるルール違反をセキュリティリスクとして認識しておくべきことも示唆している。「説明しなくてもわかっている」「そんなことは当たり前」というような考え方を持っている管理者がいる職場には相当に高いバカの壁ができていることを危惧しなければならない。

4　納得していなければ教育効果はない

❖大人はわかったふり、納得したふりができる

　経営者自らがセキュリティポリシーの重要性を語り、率先して行動に示したとしても、それでもまだ守らない人間はいるものだ。はじめ協力的でなかった人間は納得してしまえば従順に従うようになるものだが、態度がはっきりしない人間はいつまでたってもあいまいなままということが少な

くない。賛成も否定もしない意見のない人間は、会社が決めたことに対しては、ルールを守ろうとするが、心底納得しようとする気持ちがないため、何が何でもルールを守るのだという意識に欠けているのである。ものごとを損得で考える彼らは、組織や経営者に反抗することが得策でないことを知っている。セキュリティポリシーの内容がわからなくても、納得できていなくても、わかったふりや納得したふりができるのである。彼らのような存在を発見することは大変難しい。アンケートをしても模範的な回答をするし、不満があるかと聞いてもないと答える。唯一、彼らの存在を発見することができる方法は、損得の枠からはずれた時の行動を観察したり評判を聞くことである。組織内では倫理観があるように見える彼らは、人が見ていない時や場所では倫理観が欠けた行動をする。煙草のぽい捨て、割り込み、信号無視、ソーシャルメディア（ブログなどインターネットのコミュニケーションサイト）での陰湿な書き込みなど、モラルの欠けた行動をする人々の多くが組織内では優等生であったりする。

　情報セキュリティへの取り組みは、個人情報の保護や取引先の機密情報の保護といった企業の社会的責任（CSR）の一つであり、その底辺には思いやりの精神が存在している。そもそも、自社防衛のため、損失を被らないためといった後ろ向きな姿勢でセキュリティに取り組んでいるようでは、高いモラルが形成できるわけがないのである。

◇仮想体験による納得形成

　セキュリティの必要性について納得できる最も効果的な方法は、痛い目に遭うことである。やけどを負えば火の取り扱いに気をつけるようになる。パソコンのデータを消してしまったことがある人間はバックアップの重要性を知っている。運転免許の更新講習では事故の映像を流すことによって交通事故を仮想体験させようとしている。情報セキュリティの教育でも、セキュリティ事故の経験がない者に対しては、セキュリティ事故の事例によって仮想体験させることが効果的である。事例情報は社外から集めなくても、日頃から社内でのヒヤリハットについて情報収集しておけ

ばよい。問題はそこから何が想定できるかである。交通事故の事例では自らの命を落としかねないという説明不要の内容となるが、セキュリティ事故の事例では、それが結果として引き起こすこととなる最終的な被害者と被害の内容について説明することが必要だろう。実際に痛い目に遭ってから、セキュリティの必要性について納得しても時遅しになるかもしれない。セキュリティ教育では具体的な事例を豊富に組み込むことによって、その恐ろしさや悲惨さを実感できるように工夫することが大切なのである。

❖職場での実践があってはじめて定着する

セキュリティの重要性を社員に納得させて組織に定着させていくためには、教育訓練だけでは限界がある。職場での実践があってこそはじめて定着するのである。そのためには部署ごとの責任者であるマネジャークラスに対する教育が重要となる。全社的な情報セキュリティ教育はあるが、職場での実際評価はセキュリティ関係なしというのでは情報セキュリティは根付かない。職場での業績においてでもセキュリティへの取り組みが評価されることが必要である。人事考課の評点として情報セキュリティなど全社的な時組みが組み込まれている企業はどれほどあるだろうか。真面目な人間が損をし、要領のよい人間が得をするような職場環境は、それ自体が不祥事を生みやすい危険な環境であると言っても過言ではない。

❖カタリスト（触媒）的人材を育成する

酵素のように微量でまわりの化学反応を促進させる物質をカタリスト（触媒）と呼ぶ。

組織においても少人数でまわりの人に刺激を与えて好ましい状態に変化させる人をカタリスト（触媒役）と呼ぶ。セキュリティにおいても経営者だけでは組織全体を変革させることは難しい。先に述べた部署ごとの責任者であるマネジャークラスがカタリストとして経営者の思いをそれぞれの職場に伝え、それぞれの職場の環境や業務の特性に合わせた定着をさせていくことが望まれるのである。セキュリティに取り組んでいる企業の中

第6章 経営者が推進する情報セキュリティマネジメント

には、部署ごとに情報セキュリティの推進者を置いているところもある。しかし、多くの場合、情報セキュリティの推進者には専門的な知識が必要なこと、マネジャーとしての本業に支障があるという理由によって、マネジャークラスがそれを担っていない。カタリストであるべき情報セキュリティの推進者には専門的なセキュリティ知識は要求されない。それよりも各部署においてセキュリティを根付かせることができる影響力が求められるのである。形だけの推進者を置いても意味がない。カタリストとして誰が適任なのか再考してみる必要があるのではないだろうか。

第7章

組織体質で決まる情報セキュリティ

1 秩序のない組織体制こそ不正の温床

◇根拠のない代理、代行が横行する無責任組織

　経営者自らがセキュリティポリシーを策定し、率先垂範してセキュリティポリシーの実践を推進しても、まだ組織にはその定着を妨げる障害がある。それは負の企業文化とも言うべきや組織体質である。企業の多くでは職務権限規程や組織規程が策定されており、部課長など職名ごとの責任権や部署ごとの役割分担が定められている。しかし、現実には、こうした規程は厳密に運用されているとは言い難い。さすがに下の者が上司の意に反して権限逸脱するということは起こりにくいが、上司が部下に対して丸投げという形で責任放棄しているという状況は珍しいことではない。特に、部下の方が実務に詳しく、上司は実務に明るくないという職場では責任放棄が起こりがちである。情報システム部でのシステム開発プロジェクトのような動的組織であっても、こうした状況はよく見かける。プロジェクト管理者には役員やシステム部長などがあたるが、実際にはプロジェクトマネージャとして担当課長に任せっぱなしになっている。もっとひどい場合はその下のシステムエンジニアがプロジェクトリーダーとして実務を切り回している。このような組織にあっては、責任放棄している者は上司としての責任を意図的に喪失しており、権限逸脱している者は部下としての権限の範囲をしかたなく逸脱している。

　情報セキュリティの善し悪しは組織体質で決まると言っても過言ではな

い。情報セキュリティの取り組みにおいては、組織における「言動一致」の徹底を図ることが不可欠であり、これが、その取り組みが容易ではないことの一因となっているのである。

❖ブール代数で設計する役割分担

本来、職務権限規程や組織規程の策定においては、そこで規定する責任や権限の範囲が重複したり不足したりしないように設計しなければならないはずである。しかし。現実には、あいまいな用語が並ぶとともに、レベル感が異なる職務が混在していたりする。こうした問題を避けるためには、本来、組織における役割分担はブール代数によって論理的に設計しなければならない。ブール代数とは、三つの論理演算 p∨q（p あるいは q）、p∧q（p かつ q）、〜p（p の否定）の組み合わせによって、集合体を定義するものである。総務部門における秘密文書を含む文書管理と情報システム部門の機密保護を含むデータ管理との関係、人事部門における社員管理と情報システム部門におけるアカウント管理との関係、設備管理部門における社屋管理と情報システム部門における ID カード管理との関係など、情報セキュリティだけをとっても役割分担関係があいまいになっているケースは少なくない。

職務権限規程や組織規程を開いてみると、複雑で難解であることが多い。まずは、各部署、各階級ごとの役割のうち、基本となるもののみを抽出して、ブール代数による検証をしてみることが必要ではないだろうか。

図表7-1　ブール代数で設計する職務権限の例

情報管理＝文書管理（総務部門）∨データ管理（情報システム部門）
権限管理＝社員管理（人事部門）∨アカウント管理（情報システム部門）
アクセス管理＝鍵管理（設備管理部門）∨ ID カード管理（情報システム部門）∨パスワード管理（全部門）
情報セキュリティ（機密保護）＝情報管理∧権限管理∧鍵管理

第 7 章　組織体質で決まる情報セキュリティ

❖ Shall と Shall have the right to で設計する契約書

　社内の社員に対する責任や権限を規定するものが権限規程や組織規程だとすれば、社外の委託先に対する権利と義務を規定するのが契約書である。英文の契約書では、各条項は「Shall」か「Shall have the right to」で記述されている。「Shall」の意味は「～の義務を負わなければならない」であり、「Shall have the right to」の意味は「～の権利を有するものとする」であり、まさに権利と義務について、あいまいさを残すことなく明確にしようという意図がそこにあることがわかる。これに対して、日本語で書かれた契約書では、「～とする」や「～である」といった権利とも義務ともとれない記述があったり、「協議するものとする」といったように契約書内での明確化を避けることすら珍しくない。

　経営理念やセキュリティポリシーなど、組織としての行動判断の根拠となる価値感が異なって当然の別企業同士が、契約書によって権利と義務について合意を形成すべきことは当然のことである。

❖ 稟議承認を受ける必要のない発注の危険性

　権限規程や組織規程と並んで規定されていることが多いのが稟議規程だろう。稟議規程は決済ルールを規定したものであり、発注時における稟議申請と承認者を定めている。稟議規程があることによって、不適切な発注が行われないように内部けん制が働くことは間違いないのだが、発注金額の大きさだけでしか、けん制の必要性が考えられていない点が問題である。IT 製品や IT サービスの中には発注金額が安くても社内に与える影響度が小さいとは言えないものが少なくない。特に、クラウドサービスの登場によって、ユーザ部門は簡単かつ廉価に社外の IT サービスを利用できるようになっている。Gmail などクラウドサービスの利用自体が問題であるわけではないが、ユーザ部門がセキュリティの考慮なしに、何十ギガもの記憶スペースを使い始めることに対して、システム部門は懸念を抱かないわけにはいかないだろう。

　権限規程や組織規程、稟議規程といった社内ルールは創業時や上場時に

図表7-2 英文による契約書の規定例

Documentation shall mean written text including but not limited to manuals, brochures, specifications and software description, in electronic, printed and/or related materials customarily needed for use with the Licensor's Software (hereinafter defined), which are identified in Attachment 1.

Intellectual Property Rights shall mean any and all intellectual property rights of a Person, title to and interest in, including but not limited to, patents and pending patent applications therefore, copyrights, trade secret, trademark rights, service mark rights, know-how, process, methods, engineering.

All contract rights of Seller under any and/or all agreements related to or concerning the manufacture and/or marketing of the Products and any products bearing any of the AX Marks, including, without limitation, sale, purchase, supply, sales representative and/or distribution agreements, manufacturers' warranties, products liability and other insurance contracts, provided, however, that without limiting Paragraph 12 below, Buyer shall have the right to approve such contracts and to acquire some but not all thereof, in its sole discretion and Paragraph 8 shall apply;

Export shall warrant that Products are as per the specification attached in Schedule B for a period of fourteen (14) months after the delivery of Products. If any parts of Products not in conformity with the specifications are found within said warranty period and the written notice is made by Distributor to Export; and if Export shall have agreed that there are defects or non-conformities attributable to Export, then Distributor shall have the right to require such Products to be corrected or replaced within reasonable period with those of satisfactory material and workmanship. Export shall be entirely free from any responsibility in case the failure to meet warranty is caused by natural wear and tear of Products, negligence, ill handling, miss-operation of Products by Distributor or any other reasons or causes not attributable to Export.

整備されたまま見直しされていないことが多い。J-SOX法対策においても財務諸表の信頼性確保にとどまっており、根本的な見直しができていない企業が多いのが実情である。不適切な発注は、過剰な支払いや社員と業者との癒着といったリスクだけでなく、経営活動そのものに対するリスクをももたらす恐れがある。そしてそれは発注金額の大きさで判定できるものではない。IT製品やITサービスの発注においては、コンピュータウイルスによる情報資産の破壊や、個人情報保護法など法令への抵触、全社的なシステム基盤との不整合など業務の有効性および効率性の低下といったリスクをももたらすのである。

❖情報セキュリティは情報システム部だけの問題ではない

　情報セキュリティリスクは企業にとって比較的新しいリスクという事情もあって、権限規程や組織規程においてもどの部署がどのような役割を果たすべきかについて明確に定められていない。情報システムに関連するということでシステム部門に押しつけられていることが多いが、そもそも、情報セキュリティリスクの対象となる情報資産は情報システム上のものに限定されないし、紙媒体ですら対象となる。紙文書については総務部門が、設備面では管理部門が、アクセス権については人事部門が、委託先については購買部門が権限責任を有しており、システム部門だけで情報セキュリティリスク全般の面倒をみることは不可能である。情報セキュリティリスクが情報システムだけに関係するものでない限り、その取り組みは全社的なものとならざるを得ない。その上で、情報システムに関係する情報セキュリティリスクに対する管理責任をシステム部門が担ったり、機密文書や重要データに対する管理責任を総務部門が担うといった、役割分担について設計しなければならない。セキュリティへの取り組みの第一歩においては、既存の権限規程や組織規程にとらわれることなく、全社的なプロジェクト活動からスタートするべきなのである。

2 職務権限と一致しないアクセス権限が不正アクセスを生む

◈情報情報に対する「見える化」の重要性

　職務権限の明確化によって、機密文書や重要データに対するアクセス権限が誰にあり誰にないのかが明らかになるはずである。にもかかわらず情報資産に対するアクセス権限があいまいなことが多いのはなぜだろうか。

　紙媒体を保管する書庫や商品を保管する倉庫では管理対象が目に見えるため、ゾーニング（場所分け）やラベリング（標識貼り）によってアクセス権限を明確にしやすいが、ファイルサーバやデータベース、特に内部構造が不透明な情報システムでは、アクセス権限の対象物である電子情報そのものを認識することが難しいのである。書庫や倉庫の場合でも保管物が大量になってくると、ゾーニングやラベリングだけでも管理が困難になってくるため、索引としての台帳が作成されることになる。電子情報の場合

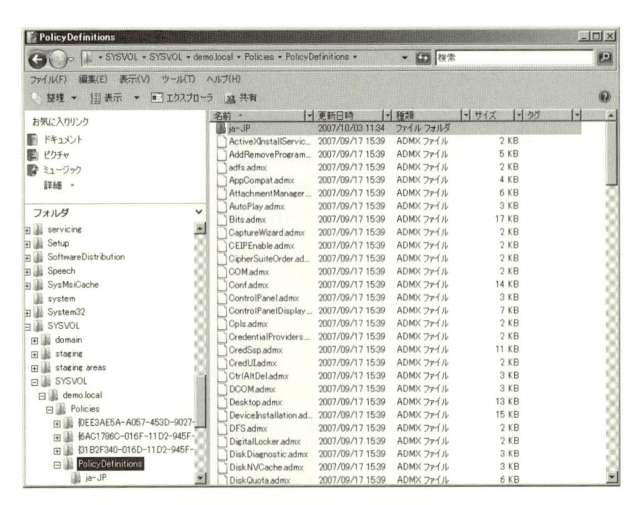

図表7-3　Microsoft社のディレクトリサービス製品 Active Directory の画面例

もLDAPなどのディレクトリサービスを利用した台帳づくりによって、「見える化」を進めることが重要である。ディレクトリサービスを利用することによって、データやプログラム、サーバやプリンタ、ユーザ情報といったネットワーク上のあらゆる情報資産に関する情報を一元的に管理することができる。誰がどの情報資産にアクセス可能かそうでないかを決めるアクセス権限を厳格に割り当てるためには、ディレクトリサービスを利用した情報情報の「見える化」について検討する必要があるだろう。

❖ IDとパスワードはデジタル倉庫を開ける鍵

紙媒体を保管する書庫や商品を保管する倉庫に対するアクセス制限は施錠によって行われる。これに対してファイルサーバや情報システムに対するアクセス制限はユーザIDとパスワードによるログイン認証によって行われる。ユーザIDとパスワードは、デジタル倉庫を開ける鍵ともいうべきものであり当然に慎重な取り扱いが求められる。しかし実際には、単なる情報にすぎないため、口頭で伝えるだけで簡単に合い鍵をつくれてしまう。その相手が委託先ともなれば、もはや無数の合い鍵が製作されたとしても不思議ではない。合い鍵は元の鍵本体を作り直すことで機能しなくなる。ユーザIDとパスワードも元の設定を変更することで機能しなくなる。合い鍵づくりの実体が把握できなくなってしまっている状況では、鍵本体を設定し直すことを検討しなければならないだろう。合い鍵の紛失が不正侵入の危険を生むように、ユーザIDとパスワードの共有もまた不正アクセスの機会を与えることとなる。どうしても合い鍵を渡す必要がある場合は、合い鍵の管理責任者を特定し、合い鍵の発行数、利用者名簿、利用目的、利用状況を管理させなければならない。共有IDにおいても考え方は同じである。合い鍵や共有IDによる不正使用が発生した場合は、管理責任者の責任が問われることとなる。委託先に対して保守用のユーザIDとパスワードを発行する場合は、委託先に管理責任を負わせて前述の管理項目について定期的に報告させなければならない。社内部署においてユーザIDとパスワードが共有されている場合も同じである。まずは、共

◈特権IDを使える部下と使えない上司

　システム機能の中には通常のユーザIDで利用できるものと、特権IDでなければ利用できないものがある。身近な存在であるWindowsパソコンにしても「Administrator」権限を持つユーザIDでログインしなければ、システム管理者画面を開くことができない。業務システムでもマスタデータのメンテナンスや登録されたデータの修正といった作業は、特権IDでなければ行うことができなくなっている。こうした重要な作業を行うことができる特権IDは通常、経理部長やシステム部長、あるいは営業所長といった管理職に対して与えられていることが多い。しかし、管理職の中にはシステム利用を敬遠したり苦手とする人が少なくなく、システム利用を苦としない若手社員に丸投げしている場合が存在する。

　企業が情報システムを導入する場合、ユーザIDを与えられた者自身がシステム利用することが大前提であり、特権IDを使った指示や承認といった管理業務を実施できないのであれば、情報システムの業務適用をやめるべきなのである。「Administrator」権限を使ったシステム管理のような特殊作業についても、使うことのできない管理職に特権IDを与えるのではなく、実際に使うこととなる社員に対して特権IDを発行し、申請書や報告書などによってその使用について事前事後の承認をしたり、操作ログによって不正使用がないか監視するといった運用を行うべきである。

◈アクセス権限変更の必要性を考慮しない人事異動

　ユーザIDについてもう一つ懸念すべき運用実態がある。それはアクセス権限変更の必要性を考慮しない人事異動である。特に経理部や情報システム部に勤務する社員が異動となった場合は、すみやかに経理システムの利用やシステム保守ができるアクセス権限をなくさなければならない。

　また、退職者に対してはユーザID自体を利用できなくしなければなら

第7章　組織体質で決まる情報セキュリティ

ない。一般的に、人事異動がある場合、情報システム部門が人事部門から人事異動情報を受け取ってユーザIDを更新していたり、利用部門からの申請によってユーザIDを追加、変更、削除しているケースが多い。情報システムの利用が限定的な状況ではこうした運用形態でもさほど問題にはならないが、組織規模が大きかったり情報システム利用への依存度が高い場合、こうした人的対応では対応しきれなくなる恐れがある。退職者のユーザIDが残り続けたことによる不正アクセスリスクも重大だが、ユーザIDの発行が遅れて正当なシステム利用ができなくなり、業務遂行に支障が出てしまう事業継続リスクの可能性も懸念しなければならない。

　人事情報にもとづいてアクセス制限されているものは情報システムだけに限らない。IDカードによる入館チェックやメールボックス、キーボックスの暗唱番号など多数存在している。IT利用への依存度が高まる現代企業においては、人事システム上の社員データをもとにユーザIDやアクセス権を自動生成するようなシステム機能を実装しておくことが、情報セキュリティ確保のためのインフラとして必要不可欠になってきていると言えるのではないだろうか。

3　説明責任が果たせない権限委譲は善管注意義務違反

◇実際業務と一致しない契約条項

　ユーザID付与の根拠となる権限自体があいまいなことも少なくない。
　たとえば、従事すべき業務範囲が派遣契約によって決まっている派遣社員に対して範囲外の業務をさせてしまったり、システム保守業務を委託している業者による実際の保守業務が契約の範囲を超えたり足りなかったりすることがそれである。契約書の締結は業務上必要とされているから行っているが、契約書の内容どおりに業務遂行されているかについて監視することは上から言われていないので何もしていないということがないだろうか。そもそも契約書は社外の組織との間における責任と権限について合意

137

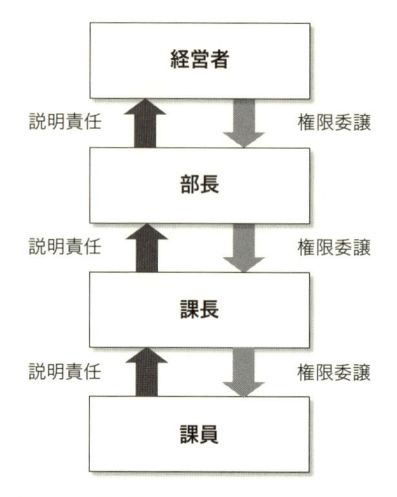

```
         経営者
    ↑        ↓
 説明責任   権限委譲
         部長
    ↑        ↓
 説明責任   権限委譲
         課長
    ↑        ↓
 説明責任   権限委譲
         課員
```

図表7-4　権限委譲に伴う説明責任の連鎖

形成するために締結するものである。契約書で規定する範囲で権限を付与することとなるため、契約締結ができる権限者自体が組織規程や職務権限規程などで規定されている。契約書にもとづく社外への権限付与も社内における権限委譲の延長にあるのであり、説明責任が果たせない権限委譲を行うことは本来的に許されない。企業における権限委譲の大元は経営者にあり、経営者には経営責任としての善管注意義務と説明責任が課せられている。経営者からの権限委譲の連鎖によって社外との契約行為を許された者にも当然に善管注意義務と説明責任がついてまわっている。

　契約どおりに業務遂行されているかについて契約締結者は監視する義務がある。システム保守など委託業務に対する業者や担当者から報告を受けることは契約締結者自身の役割であり、上位者に対する説明が果たせるようにしておかなければならないのである。

※アウトソーシングしてもなくならない説明責任

　情報システムの運用業務を丸ごと委託するアウトソーシングであっても説明責任はなくならない。むしろ、業務全体を社外に任せるという意味において、その業務が契約にもとづいて忠実に遂行されているかを監視する必要性は通常よりも大きくなる。アウトソーシングそのものに伴うリスクもある。アウトソーシングで業務を社外に任せることによって、アウトソーサーと社員との間のコミュニケーションが十分にとれず、監視の必要性とは裏腹に業務状況が見えなくなってしまう恐れがある。アウトソーシングの対象として、社内に専門知識を有する者がいないために情報セキュリティ業務をアウトソーシングするということも珍しくない。情報セキュリティ業務をアウトソーシングすることによって、アウトソーサーによる情報漏えいやシステム障害という派生リスクが生じてしまうのである。アウトソーサー側の社員に対する教育訓練などセキュリティ対策の実施はアウトソーサー側に任せるしかない。万が一、アウトソーサーの社員の不正行為や過失によって重要な情報が消失したり漏えいするといった事故が起きた場合、当然に契約者の善管注意義務が問われることとなる。事故が起きなくても、投資家や顧客といった利害関係者に対してアウトソーサーの経営が健全であり連鎖倒産の恐れがないことについて説明責任を求められるかもしれない。

　アウトソーシングすれば全てお任せというわけにはいかず、アウトソーシングする場合こそ十分な業務報告が必要であり、業務監査やシステム監査などによるモニタリングの実施が不可欠となることを認識しなければならない。自社自身で業務監査やシステム監査する代わりに監査法人やISO審査機関による評価情報を利用する場合であっても、その評価がアウトソーシング契約の範囲や内容と照らし合わせてズレやモレがないか確認する必要がある。アウトソーシング先の全社的な内部統制や情報セキュリティの実施状況を対象とする審査結果だけで、自社側が委託しているアウトソーシング業務が適切であることを証明できるとは限らないからである。

❖ 承認と審査を区別しない稟議制度

　上司による事前事後の承認を受ける稟議制度は管理職が善管注意義務を果たす上で有効な内部統制手段である。しかし、押印行為自体が形式化してしまい有効性を失ってしまっているケースが後を絶たないでいる。申請書には承認印を押すための決裁欄が設けられている。ワークフローによる電子化された場合でも事情は同じで、印鑑がマウスクリックに変わるだけである。問題は押印する側の意識にある。実は決裁欄への押印には審査と承認の二つの意味が存在している。このことを申請者も承認者も明確に認識できていないことに大きな問題がある。審査とは、本来は自分自身が行うべき業務を部下に指示した直属の上司などが上位者に対して説明責任を果たすために、その内容について詳細にチェックするという、いわば検査にあたるものである。これに対して承認とは、経営者など上位の管理職が下位の管理職者に権限委譲した業務が適切に遂行されているかについて監視するために、その実施状況について形式的にチェックするものである。ところが、検査を行うべき直属の上司も形式的なチェックとしての承認行為しかしない、あるいはできない場合、その上位者の承認行為は有効性を失うことになる。なぜならば下位の管理職が審査を怠っていることを見逃してしまっているからである。これこそがまさに善管注意義務違反の状況であり、食品偽装事件など現実の事件事故が起きた場合に経営者責任が問われる理由なのである。稟議制度は権限委譲の連鎖と善管注意義務からその本質を理解しなければならない。

　ワークフローを導入することによって、ますます承認行為が形骸化しているようであれば経営者は懸念した方がよいだろう。

4　情報漏えいの前に権限の漏えいが起きている

❖ Winny（ウイニー）による情報漏えい事件の問題構造

　Winnyによる情報漏えい事件を列挙するといとまがない。2004年から

大規模な事件だけ列挙してみても、2004年の京都府警、北海道県警にはじまり、2005年三菱電機、2006年海上自衛隊、2007年陸上自衛隊、2008年中部電力、2009年情報処理推進機構、2010年日本大学、といまだに収束しそうにない状況である。勤務時間中に映画や音楽といった著作物を違法にダウンロードしていたとすれば論外だが、ことの真相はそれほど単純なものではない。むしろ、勤勉な社員の方に落とし穴があることを知らなければならない。仕事熱心な社員が仕事を家に持ち帰り、家族がWinnyを使ってウイルス感染した自宅のパソコンで仕事をしたために情報漏えいしたという構図がそこにあるからである。

❖ファヨールの管理過程論が指摘した権限漏えいの危険性

　Winnyによる情報漏えい事件は今後も新聞から消えることがないだろう。しかし、だからといってWinnyを禁止すれば問題が解決するわけではない。Winnyによる情報漏えいの前に、資料の無断持ち出しや業務の

図表7-5　Winnyによる情報漏えい事件簿

2004年	京都府警	交番巡査が個人用パソコンに保存していた指名手配書や捜査報告書、供述調書などがインターネット上に流出。Winnyを通じて拡まるウイルスAntinny（アンティニー）に感染したことが原因。
2005年	三菱電機	原発の修理・点検を請け負う三菱電機の子会社の社員のPCがウィルスに感染し、内部情報が流出。
2006年	海上自衛隊	海上自衛隊の極秘と書かれた暗号関係の書類や戦闘訓練の計画表とその評価書など多数の機密データがネット上に流出。
2007年	陸上自衛隊	陸上自衛隊の訓練などに関する内部資料が陸自隊員の私物パソコンからWinnyを通じてインターネット上に流出。
2008年	中部電力	工事会社の社員パソコンから保存していた工事関係資料がWinnyを通じてインターネット上に流出。
2009年	情報処理推進機構(IPA)	職員が業務情報を自宅に持ち帰り、Winnyの暴露ウイルスに感染した私物パソコンからインターネット上に流出。
2010年	日本大学	職員の住所録など約1万3700人分の個人情報がインターネット上に流出。データを持ち帰った職員が自宅パソコンでWinnyを使っていたことが原因。

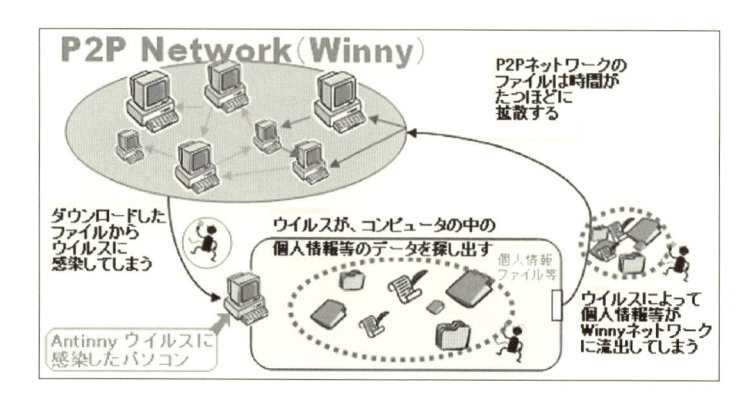

第Ⅱ部　情報セキュリティマネジメントの取り組み

図表 7-6　Winny 経由で情報が漏えいする仕組み

IPA 情報処理推進機構サイトより引用
http://www.ipa.go.jp/security/topics/20060310_winny.html

図表 7-7　ファヨールの管理過程論

専門化の原則	経営目的達成のために必要な職務を分割し、各構成員が単一の活動に従事できるように考慮して配分しなければならない。
命令一元化の原則	職務の担当者は、ただ一人の管理者からのみ命令を受けなければならない。
階層組織の原則	最高の権威者から最下位の従業員に至る職務担当者の情報伝達の経路を設けなければならない。
管理の幅の原則	人間の持つ管理能力には限界があることから、一人の長の下における部下の人数を限定し、これを適正に保つことを要請する。
責任と権限の一致の原則	各成員に付与される責任と権限は、常に量的に一致しなければならない。
例外の原則	日常的・反復的な仕事に関する権限を下位に委譲し、例外的な事項に対する決定権または統帥権のみを上級管理者に留保すること。

変更という「権限の漏えい」が起きていることに着目する必要がある。権限の漏えいが起きないようにしない限り、情報漏えいは収まらない。社内で部門や役職を無視した属人的な電子メールが飛び交っていないだろうか。フランスの経営学者であるアンリ・ファヨールは1916年に『産業ならびに一般の管理』で発表した管理過程論の中で「権限と責任の一致」の重要性を説いている。100年近い昔に警告されていた企業組織の問題構造が、そのまま現代のWinny事件にあてはまるのである。

5　根拠のない信頼から根拠のある信用へ

◇安易に形成される根拠のない信頼関係

日本人はいい悪いを別として昔から内と外との区別をあいまいにしてきた。軒先は近所の人たちの情報交換の場であり、雨宿りに使える私営の公共施設でもある。現代企業においても日本人のあいまい性は残っており、前述したように管理者権限のパスワードは担当者間で共有され、原価や得意先などの機密情報も何の疑問もなく派遣社員や協力社員に教えてしまう。新規の取引先でも一度さかずきを交わせば走れメロスばりの盟友になれてしまうのである。

◇「信じて用いる」と「信じて頼る」の大きな違い

信用することと信頼することは意味が違う。信用とは信じて用いることであり、信頼とは信じて頼ることと書く。取引先との関係において心がけなければならないのは、信用はしても簡単には信頼するなということである。信じて用いることはあっても、信じて頼ってしまっては自分の会社の命運を賭けることになってしまう。信じるに価しない相手に対してこの上ない信頼を与えてしまっていたりしないだろうか。

見知らぬ人を警戒する事は当然のことであり、つきあいの短い相手にも気をゆるさないのは当然の行為である。耳の痛い忠告をしてくる顧客や取

引先を敬遠し、甘い話を持ってくる相手を優遇するのでは世間を知らない子供のつきあい方と変わらない。自然界では敵と味方を見誤ってしまっては生きのびることすらできない。組織においても信じることについて、もっと真剣に取り組まないと、生き残っていけないだろう。

❖根拠のない信頼から根拠のある信用へ

　従業員に対しても取引先に対しても、根拠のない信頼関係ではなく根拠のある信用関係を構築することが必要である。信頼することがいけないわけではない。しかし、本当の信頼関係とはそんなに簡単に築くことができるものではないし、時間をかければ築くことができるというような単純なものでもない。その点、信用関係は、何をもって信じるのかという点をしっかりとおさえることによって構築することが可能である。

　従業員であれば、就業規則への明確な同意や誓約書の提出によって忠実性を確認したり、適切な能力試験や人事考課によって力量を評価し、職務内容や業務ルールについて明確に伝達することによって職責のあいまいさを排除することができる。取引先に対しては、客観的な選定基準を設定することによって能力水準を確保し、契約書によって責任と権限を明確にし、報告受けや業務監査といったモニタリングを実施することによって忠実性を確保することが可能である。第1章で述べたように、性悪説が説くような悪人はこの世に多くはいない。しかし、性弱説が説くように、余裕をなくした人や会社が信頼を裏切ることは珍しいことではないのである。

第8章

リスクアセスメントによる
リスク抽出と評価

1 情報セキュリティの現状を理解する

◈組織プロフィールからおさえる現状分析

　情報セキュリティマネジメントの取り組みにおいて、セキュリティリスクをいかに適切に把握できるかに、その成否の多くがかかっていると言っても過言ではない。セキュリティ対策がどれだけ重厚なものとなろうとも、ぽっかりと空いたセキュリティホールによって事件事故はたやすく起きてしまうのである。セキュリティリスクを把握する作業は、リスクアセスメントと呼ばれ、正確にはリスク抽出とリスク評価の二つの作業に分けられる。リスク抽出は組織の現状において生じているリスクを全て洗い出す作業であり、リスク評価は洗い出されたリスクの大きさや発生頻度などを評価して重要度を見積もる作業である。特に、リスク抽出によって漏れなくリスクを洗い出せるかどうかが、その先に行われる作業の有効性のほとんどを決めてしまう。そこで重要となるのが、リスクアセスメントの実施に先立って行わなければならない組織プロフィールの定義である。
　組織プロフィールとは、その組織がどのような構造体であり、どのような活動を行うのかといった基本的な属性や特徴をとりまとめたものであり、その組織においてどのようなセキュリティリスクが生じる可能性があるかについて、同業他社などの事例情報などからあたりをつけることができるようになるものである。たとえば、貿易事業を行っている、不定期の契約社員が存在している、といった情報を見落としていたのでは、保護す

べき情報資産や調査すべき関係者を漏らしてしまうかもしれない。組織プロフィールはリスク抽出のための材料情報となるとともに、リスク抽出結果に対する検証情報となるものなのである。組織プロフィールとして把握すべき事項については特に決まりがあるわけではないが、一般的に以下のような事項について調査しておくことが必要である。

① 組織規模

　従業数など組織規模が大きくなるほど、統制しにくくなりセキュリティリスクが高くなる。

② 組織形態

　中小企業で多く採用されているライン組織（階層組織）は、責任権限が明確となる反面、他部門との連携が取りにくい、階層が多くなり意思決定に時間がかかるといった問題がある。大企業に多く見られる事業部制では、責任範囲が明確になり自立的な活動が進む反面、部分最適になりがちである。

③ 社歴

　創業まもない企業では、事業内容が固定しないため業務ルールが整備できていない。また、社員も取引先も定着していない。創業以来長い歴史を持つ企業では、何らかの企業文化が形成されていることが推測される。M&Aなど異なる企業文化が流入してきた歴史があれば、組織としての強み、弱みもミックスされているかもしれない。

④ 業種、業態

　製造業では図面や仕様書などの営業機密を取り扱うことが多く、小売業やサービス業では個人情報を取り扱うことが多い、代理店やフランチャイズ方式を採用する場合、機密情報を取り扱う範囲が広くなるだけでなく、セキュリティ事故が発生した場合の被害の範囲も広くなる。

⑤ 活動エリア

　広域に営業拠点や工場を持つ企業では、日々の事業活動に目が届かないことが多く、業務内容も統一できていないことがある。特に海外貿易

がある企業では、各国の法規制やビジネス慣習が異なるため、トラブルが起こりやすい。

⑥商品・サービス

　商品やサービスの特性や販売量もセキュリティリスクに関係する。ソフトウェア製品のウイルス感染は当然のこととして、食品や化学物質（特に医薬品）、運搬機械（自動車等）などでは不正確な取り扱い情報によって健康や生命に関わる事故を誘発しかねない。

⑦顧客

　法人・個人別、年齢・性別、国内・海外、熟練者・初心者など顧客の特性によって、苦情やトラブルの内容が違ってくる。特に、販売先の顧客を特定、追跡することが困難な場合、警告や回収といった対策が難しくなる。

⑧取引先

　委託先におけるセキュリティリスクの大きさについては何度も述べたとおりである。過去も含めた仕入先や外注先、業務委託先の管理が重要であることは、多くの個人情報漏えい事件が教えている。

◈**組織的、物理的、ネットワーク的セキュリティ境界を識別する**

　組織プロフィールの策定の次に行うべきことは、その組織と外部との境界を識別することである。組織と外部との境界には、組織的境界、物理的境界、ネットワーク的境界の三つがある。これらの境界を明確にしておかないと、「ウチ」と「ソト」との区別がはっきりしないまま、リスクアセスメントやセキュリティ対策を講じることとなる。組織的境界がどこまでかはっきりしていない場合、派遣社員や委託先に対するセキュリティ教育やルールの徹底に漏れが生じることとなる。物理的境界がどこまでかはっきりしていない場合、情報資産の保管場所など入退室管理すべき施設を見落とす恐れがある。ネットワーク的境界がどこまでかはっきりしていない場合、ファイヤーウォールや不正アクセス検知ツールの設置場所や設定が不適切となるかもしれないのである。以下、これら三つの境界を識別する

上で留意すべき事項について列記する。

①組織的境界
・出向や顧問、契約社員など雇用関係があいまいな社員はいないか？
・委任か請負かはっきりしない取引先が存在しないか？
・製造委託や委託販売など責任分担がはっきりしない取引先や顧客が存在しないか？
・本社の監督責任がはっきりしない子会社や関連会社が存在しないか？

②物理的境界
・同居ビルの共用部分に対する管理ルールはあるか？
・手続きしなければ入館、入室できないエリアはどこからか？
・委託先や客先、貸し倉庫などに預け在庫や預け資料（図面や仕様書、顧客データ等）が保管されていないか？
・データセンターのハウジング（ラック貸し）やコロケーション（スペース貸し）など、社外で自社管理の責任がある場所が明確になっているか？

③ネットワーク的境界
・独自でインターネット接続しているパソコンが社内LANに接続されていないか？
・委託先によるリモートメンテナンス、営業社員や役職者など外部から社内LANに接続していないか？
・営業所や工場など全ての社内施設におけるネットワーク接続の現状（特に無線LAN）は把握できているか？
・SoftEther（ソフトイーサ）などVPNネットワークが全て把握できているか？

❖社内及び委託先アンケートによる意識調査の実施

組織プロフィールやセキュリティ境界は、文書や現場観察によって調査

することができるが、社員や委託先社員の内面的な意識レベルは表からは見えてこない。サンプリングした対象者に対してヒアリングやアンケート調査を実施することによって、組織のセキュリティ意識レベルを把握しておくことが必要である。前述したとおり、たとえ重厚なセキュリティ対策が講じられていようとも、社内や委託先でのモラルやモチベーションが低ければセキュリティリスクが非常に高まっている恐れがあるのである。

図表8-1　セキュリティ意識調査のアンケート例

自分の業務に関連する社内規定の種類や内容を知っていますか？
業務書類を机上に長時間置いたままにしておくことがありますか？
業務書類を夜間等利用しないときにはどこに保管していますか？
業務書類を社外に移動する場合はどのようにして持ち運んでいますか？
業務情報を客先や取引先に提供する場合、必要な情報のみ提供するように注意していますか？
部外者を見かけたら声をかけるように心がけていますか？
業務書類を自宅に持ち帰ることがありますか？そのことを上司から許可をとっていますか？
自宅にパソコンがありますか？
※以下の４つの質問は「はい」とご回答された方のみお答えください
自宅のパソコンを社内ネットワークに接続して使用することがありますか？または自宅と職場との間で電子メールの交換をすることがありますか？
自宅のパソコンにはウィルスチェックソフトがインストールされていますか？
ウィルスチェックソフトをインストールしている場合、そのウィルスチェックソフトはオンライン更新する設定するなど常に最新状態を保つようにしてありますか？
業務情報を以下の方法等を用いて社外に持ち出すことがありますか？ ・電子メールで送付する ・USB メモリや携帯端末などにコピーする ※次の質問は「はい」「ときどき」とご回答された方はお答えください
業務情報を社外に持ち出す場合、個人情報や営業機密をパスワード保護していますか？
業務情報が記入されている資料やメモ用紙等はどのように廃棄していますか？
自宅パソコンも含めて不要になったパソコンや記憶媒体をどのように廃棄していますか？
パソコンやシステムのパスワードはどのくらいの間隔で変更していますか？

第Ⅱ部　情報セキュリティマネジメントの取り組み

❖ IPA 情報セキュリティ対策ベンチマークによる自己診断

　情報セキュリティの現状を理解する上で役立つツールを利用することもできる。IPA 情報処理推進機構から無償提供されている「情報セキュリティ対策ベンチマーク」は、自社の情報セキュリティのレベルを他社動向と比較して知ることができるツールである。「情報セキュリティ対策ベンチマーク」は経済産業省より公表された情報セキュリティガバナンス推進のための施策ツールを、IPA が自動診断システムとして開発し、2005 年 8 月より Web サイト上で提供しているものであり、Web ページ上の質問に答えることで、自社のセキュリティレベルを自己評価することができるようになっている。

　「情報セキュリティ対策ベンチマーク」では、従業員数や売上高、重要情報の保有数、IT 依存度などから、診断企業を

　①高水準のセキュリティレベルが要求される層
　②相応の水準のセキュリティレベルが望まれる層
　③情報セキュリティ対策が喫緊の課題でない層

の三つの層に分類していた上で、セキュリティレベルの現状を高、中、低にグループ分けしている。診断企業は同じセキュリティレベルのグループに属する企業と比較することによって、自社の情報セキュリティ対策の状況を比較評価することができるようになっている。①高水準のセキュリティレベルが要求される層や、②相応の水準のセキュリティレベルが望まれる層であると判定された企業が、セキュリティレベルを低と評価された場合は、早急なセキュリティ強化が必要であることは言うまでもないが、注意すべきは従業員数や売上高、重要情報の保有数、IT 依存度といった経営環境は数年のうちに激変することが少なくないという点である。特に、経営者が知らないうちに、業務現場において取り扱う重要情報が増え、パソコン利用による IT 依存度が高まっているということも珍しい話ではないのである。重要情報の保有数、IT 依存度といった経営環境を正

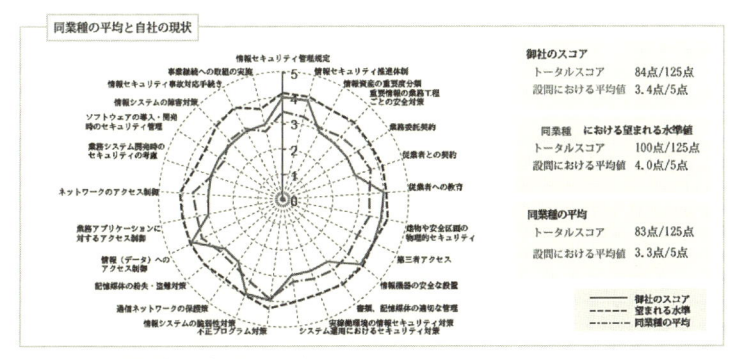

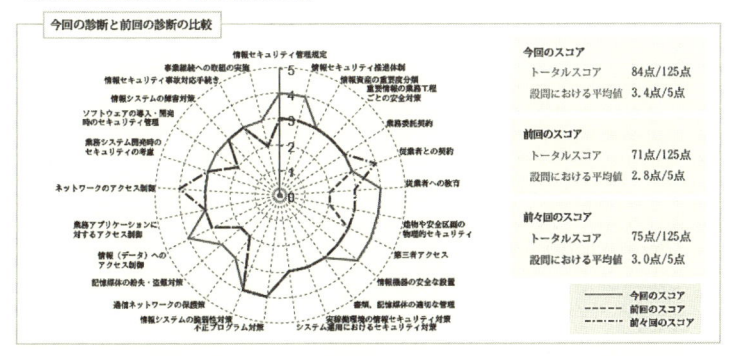

図表8-2　情報セキュリティ対策ベンチマーク（IPA）の診断結果例

IPA 情報処理推進機構サイトより引用
http://www.ipa.go.jp/security/benchmark/benchmark-gaiyou.html

確に把握できているのかについて十分に下調べをしてから自己診断を受けるべきだろう。

2　リスクアセスメントで特定する脅威とぜい弱性

❖リスク抽出の四つのアプローチと問題点

第5章でも述べたように、リスク抽出の方法にはベースラインアプロー

チ、詳細リスク分析、非形式的アプローチ、組み合わせアプローチの四つのアプローチが存在する。リスク抽出をどのように行うかは費用対効果の面から大変重要な問題である。手間をかければよいというわけではなく、現状分析に時間がかかりすぎてしまっては評価が出た頃にはリスクそのものが変化しているということにもなりかねない。逆に、IPAの自己診断サービスのようにいくつかの質問事項に答えるだけの方法では見落としがあるかもしれない。専門家など第三者による診断サービスを受ける場合も同じであり、深い経験と知識に裏打ちされた洞察力によるリスク発見が期待できる反面、日常業務を昼夜観察するわけではないことから洗いざらいリスクを抽出することは期待できない。このようにリスク抽出の方法にはそれぞれ長短所があるため、組み合わせることが有効である。以下、四つのリスク抽出の方法とその特徴についてみていくこととする。

①リスクを鳥瞰できるベースラインアプローチ

　IPAの自己診断サービスのようにいくつかの質問事項に答えることによって、リスクの存在を速やかに発見することができるリスク抽出の手法をベースラインアプローチと呼ぶ。

　ベースラインアプローチでは、ベースラインとなるセキュリティ基準に公的なガイドラインや業界標準などを採用し、ベースラインと自社の現状とを比較することによって、基準に達しない部分をリスクとして認識する。採用されるセキュリティ基準としては、経済産業省が策定した情報セキュリティ管理基準や情報セキュリティマネジメントシステム（ISMS）に関する国際規格ISO27001、情報技術セキュリティ評価のための国際規格ISO15408などが一般的である。IPAの自己診断サービスも情報セキュリティ管理基準にもとづいており、情報セキュリティ管理基準もISO27001との整合性が確保されているため、基準ごとの大きな違いはない。一般的にCC（コモンクライテリア）と称されることが多いISO15408はネットワーク機器やソフトウェア製品の製造元が製品設計時に採用すべき基準である。

ベースラインアプローチのメリットは、後述する詳細リスク分析のように業務フローの作成や現場作業を詳細観察するといった作業が不要であり、手間がかからず迅速に評価結果が得られる点にある。その反面、デメリットとして回答者の知識不足や思い込みによってリスクを見落とす恐れがある点がある。経営層から現場社員といった全階層から、各部署の代表者といった全部門から回答者を選出し、ワーキンググループとして回答していくといった取り組みが望ましい。

　先の「情報セキュリティ対策ベンチマーク」で③情報セキュリティ対策が喫緊の課題でない層の企業ではベースラインアプローチで十分であろうし、①高水準のセキュリティレベルが要求される層や②相応の水準のセキュリティレベルが望まれる層の企業でも、早急な対策を講じる必要がある場合は、まずベースラインアプローチによって重大なリスクを早期発見することが必要である。詳細リスク分析が精密検査だとすれば、ベースラインアプローチは定期健診であり、毎年、定期的に受診してリスクの早期発見に努めるべきものと考えればよいだろう。

②業務フローで脅威とぜい弱性の在りかをつきとめる詳細リスク分析
　詳細リスク分析は、情報資産の動きを追いかけるように業務の流れを精査することによって、リスクの発生場所とその性質を捕捉しよとする手法である。ツールとして業務フローが一般的によく利用されているが、情報資産が主役となって記述されていなければ意味がない。守るべき情報資産が社内に生成あるいは持ち込みがされなければセキュリティリスクは発生しない。生成あるいは持ち込みがされた情報資産が社内を移動したり、加工、保管、提供、廃棄といった情報のライフサイクルを経由する中で、様々なセキュリティリスクが生み出されていくのである。

　詳細リスク分析のメリットはリスクを徹底的に洗い出すことができる点にある。しかし、その反面、デメリットとして時間がかかりすぎることによってリスクの発見が遅れてしまう懸念がある。その実施においては期限を定めるなどして分析結果の鮮度を確保することが重要である。

③専門家の経験からリスク予測する非形式的アプローチ

情報セキュリティやリスクマネジメントの専門家や業務精通者によるヒアリングや現場観察を通じて、リスクがありそうなところの指摘を受けるのが非形式的アプローチである。

非形式的アプローチは専門家や業務精通者の経験に裏打ちされた深い知識にもとづく推理を受けようとするものであり、プロならでは指摘を期待できる反面、思い込みによる的外れな指摘となる恐れもある。一般的には後述の組み合わせアプローチの中で、ベースラインアプローチや詳細リスク分析を補完する位置づけで実施されることが多いと思われる。

④リスク抽出手法の組み合わせアプローチ

組み合わせアプローチは、ベースラインアプローチや詳細リスク分析、非形式的アプローチを単体で実施するのではなく、組み合わせることによってそれぞれの手法の欠点を補い合うようにするものである。まずは、ベースラインアプローチによって全体的なリスクのあたりをつけ、リスクが高そうなところを詳細リスク分析によって綿密に調査し、リスク分析の結果について懸念がないかを専門家の非形式的アプローチによって検証するといった組み合わせアプローチが考えられるだろう。

❖ HAZOPで洗い出す脅威とぜい弱性の組み合わせ

情報セキュリティマネジメントの成否はなんといってもリスクそのものを発見できるかという点に多くがかかっていると言っても過言ではない。

リスクが見えないから何もしないのであって、リスクがきちんと把握できれば組織も業務担当者も動けるものである。

セキュリティリスクを発見するための有効なツールとして知っておきたいのが、HAZOP(Hazard and Operability Study) とHAZOPにおいて使用されるガイドワードである。ガイドワードは先の非形式的アプローチにおいて専門家の経験知を体系化するのにも役立つ。

HAZOPは危険シナリオ分析手法の一つで、化学プロセスにおける複数

の独立した事象が複雑に絡む故障を取り扱うために開発された手法であり、設計仕様から逸脱した運転を行った場合に生じるハザードとその原因を解析して、防護策を検討しようというものである。HAZOPでは、「no」「more」「less」といったガイドワードと、プロセスパラメータ（温度や圧力など）を組み合わせることによって、「温度が低すぎる」といった異常を想定する。ガイドワードには、「no、not（何もしない）」「more（多すぎる）」「less（少なすぎる）」「as well as（超えている）」「part of（足りない）」「reverse（逆さま）」「other than（違う）」といったものがある。ガイドワードを使えば気分的な「危ない」を具体的な危険として「見える化」することができる。不正アクセスであれば「派遣社員がアクセスできる範囲が広すぎる」「退職者が退職日を越えてシステムにアクセスできる」「不正アクセスの形跡が残っているのに何もしていない」などのように具体化することができる。

図表8-3　ガイドワードによる情報セキュリティにおける危険例

HAZOP ガイドワード		情報セキュリティにおける危険例
None	意図したことが全く起こらない	・添付ファイルがパスワード保護されない ・書庫が施錠管理されていない
More	意図した量の最大値を超える	・1枚のIDカードで複数人が入室する ・社員数以上のユーザIDが発行されている
Less	意図した量の最小値に届かない	・パスワード長が短いため試行錯誤すれば見破れる ・委託先からの業務報告が予定された回数より少ない
As well As	意図したことはすべて達成されるが、余分な事態が起こる	・利用目的のない個人情報の項目まで収集している ・委託先が頼んでもいないプログラム修正を行った
Part Of	意図したことの一部しか達成されない	・操作記録に全ての状況を記入せず省略して記載した ・中途採用社員に対する教育が実施できていない
Reverse	意図したことと反対のことが起きる	・機密文書を不特定多数に配布する ・公開すべき情報に対して秘密保護する
Other Than	意図したことは全く達成されず、全く異なることが起こる	・暗号通信を使って不正な情報交換が行われる ・システム管理者用のユーザIDが業務に使用されている

3 影響度と発生確率の組み合わせで評価するリスクの重要度

◈企業経営を脅かすセキュリティリスクの様々な影響

　セキュリティリスクが及ぼす企業経営への影響といっても様々なものがある。システム障害によって手作業を余儀なくされるといった能率低下の程度であればまだしも、個人情報や機密情報の漏えいによる顧客や社会からの信用失墜や、損害賠償などによる経済損失、重大なシステム障害による事業中断ともなれば企業経営に与えるダメージは計り知れない。システム障害や情報漏えいといったセキュリティ事故の大きさによっては経営破綻もありうる。前項において洗い出したセキュリティリスクが与える企業経営への影響度は小さなものから大きなものまであるはずである。リスクの影響度を見極めることなく無差別にリスク対応するのでは、小さなリスクに大きな犠牲を払い、大きなリスクに十分な手当をしないということになりかねない。狙いを定めないセキュリティ対策に大きな効果は期待できない。影響度の大きいリスクに狙いを定めたピンポイントのセキュリティ対策が企業防衛のために必要なのである。

◈リスクへの暴露と対策の度合いによって決まるリスクの発生確率

　すでに対策が講じられているセキュリティリスクの場合、当然にその発生確率は小さくなっている。反対に何ら対策が講じられていない場合、その発生確率はリスクへの暴露の度合いによってのみ決定されることになる。
　ウイルス感染を例にとれば、インターネット利用する社員や機会が多い企業ではリスクへの暴露は当然に大きい。しかし、ウイルスチェックソフトの導入や社員教育の徹底といった対策がしっかりと講じられていれば、その発生確率は相当に小さくなるはずである。これに対してウイルス対策が十分でない組織では、リスクに直接さらされることになり、その発生確率は確実と言えるほどに大きくなってしまう。まさに防護服なしで放射線や病原菌の暴露を受けるのと同じである。

図表 8-4 セキュリティリスクがもたらす企業経営への影響の分析例

情報種別	脅威	想定被害	影響
営業資料	不正アクセス・漏えい	企業機密が侵害され、競争不利となる	営業の優位
		漏えいの事実が社会に知られ、企業信用が低下する	企業の信用
	紛失	復旧のために手間がかかる	業務の効率
		IRサービスが提供できず株主不満が生じる	企業の信用
		税務、会計監査が不能となり、営業制約を受ける	営業の自由
	破壊・改ざん	復旧のために手間がかかる	業務の効率
		IR情報が正しくないため、株主不満が生じる	企業の信用
		税務報告、会計監査報告が正しくないため、営業制約を受ける	営業の自由
経営資料	不正アクセス・漏えい	企業機密が侵害され、競争不利となる	営業の優位
		漏えいの事実が社会に知られ、企業信用が低下する	企業の信用
	紛失	復旧のために手間がかかる	業務の効率
	破壊・改ざん	復旧のために手間がかかる	業務の効率
業務資料	不正アクセス・漏えい	企業機密が侵害され、競争不利となる	営業の優位
		機密情報の場合、漏えいの事実が社会に知られ、企業信用が低下する	企業の信用
	紛失	復旧のために手間がかかる	業務の効率
	破壊・改ざん	復旧のために手間がかかる	業務の効率
ナレッジ（技術・ノウハウ）	不正アクセス・漏えい	企業機密が侵害され、競争不利となる	営業の優位
		重要ノウハウの場合、漏えいの事実が社会に知られ、企業信用が低下する	企業の信用
	紛失	復旧のために手間がかかる	業務の効率
	破壊・改ざん	復旧のために手間がかかる	業務の効率
Web	不正アクセス・漏えい	顧客情報が漏えいし企業信用が低下する	企業の信用
	紛失	復旧のために手間がかかる	業務の効率
	改ざん	復旧のために手間がかかる	業務の効率
		改ざんされた事実が社会に知られ、企業の信用が低下する	企業の信用
		顧客や取引先が情報を知ることができなくなり、ビジネスチャンスを失う	営業の機会
	破壊	復旧のために手間がかかる	業務の効率
		顧客や取引先が情報を知ることができなくなり、ビジネスチャンスを失う	営業の機会

社員に対する啓蒙教育など既存のセキュリティ対策は目に見えない防護服であり、その有効性を過大評価してしまうと、リスクの発生確率を過小評価してしまうことになるため、慎重に見定めなければならない。特に、委託先評価においては申告情報だけを根拠とすることが多いため注意が必要である。

❖影響度と発生確率の組み合わせから重要度を考える

非常に影響度が大きいリスクであってもほとんど起きないものもある。反対に影響度が小さくてもいつ起きてもおかしくないリスクもある。リスクの大きさは影響度と発生確率の組み合わせから考えなければ、あまり重要でないリスクの対策に手間や費用をかけすぎて、手がまわらなかったリスクが顕在化して事故につながるということになりかねない。

委託先での個人情報の漏えいというリスクについて考えてみると、情報セキュリティに取り組んでいる委託先とそうでない委託先とを区別せずにセキュリティ対策を設計するとすれば、その内容はどのようなものになるだろうか。たとえば、セキュリティ対策として委託先に対する教育と監査を実施する場合、情報セキュリティに取り組んでいる委託先に合わせるとすれば、その内容は緩やかなものとなり、情報セキュリティに取り組んでいない委託先に合わせるとすれば、厳しいものとなる。前者では情報セキュリティに取り組んでいない委託先でのリスクの多くが残存し、後者では情報セキュリティに取り組んでいる委託先に対する労力が無駄となり、そこにかけられた手間と費用の分だけ情報セキュリティに取り組んでいない委託先に手がまわらなくなる。

影響度と発生確率の組み合わせからリスクの重要度（対策を必要とする度合い）を判定し、重要度の高いリスクに重点を置いた対策設計することが必要なのである。以下は影響度と発生確率の組み合わせによるリスク判定の例である。

第8章 リスクアセスメントによるリスク抽出と評価

図表 8-5　影響度と発生確率の組み合わせによるリスク判定の例

分類	情報の性質	区分	脅威	脆弱性	影響度	発生確率	重要度	対策の具体例	関連するISMS要求事項
営業	営業秘密、個人情報	機密性	・手渡し時における紛失 ・郵送紛失時における紛失・電子メール時における紛失 ・社員、協力会社社員による無断の持ち出し ・電子媒体時（電子メール、電子媒体）におけるウイルス汚染・誤操作 ・部外者によるのぞき見 ・移動時における紛失 ・部外者による不正アクセス（施設侵入、ネットワーク侵入）	・手渡し時における収受確認の未実施 ・郵送時における収受確認の未実施 ・電子メール時における暗号化の未実施・社員、協力会社社員による持ち出しチェックの未実施 ・部外者によるのぞき見対策の未実施・部外者による不正アクセス監視機能が弱い	3	3	9	・受領確認、記録化 ・電子メールの暗号化 ・持ち出し監視、稟議チェック ・クリアスクリーン ・スパイウェア対策ソフトの導入 ・ファイヤーウォール設定の強化	4.6.7.1 情報及びソフトウェア交換合意事項 4.6.7.4 電子メールのセキュリティ 4.5.2.5 敷地外における装置のセキュリティ 4.5.3.1 クリアデスク及びクリアスクリーンポリシー 4.6.3.1 悪質ソフトウェアに対する管理策 4.7.4.7 ネットワークの接続制御
営業	営業秘密、個人情報	完全性	・口頭連絡時における理解の相違 ・紙媒体の破損、電子媒体の破壊（ウイルス汚染、誤操作） ・誤入力 ・障害発生による破壊	・口頭連絡時における文書確認の未実施 ・電子媒体時（電子メール、電子媒体）におけるウイルス検疫の徹底不十分性 ・紙媒体、電子媒体のバックアップ不十分性・更新漏れ、誤入力チェックの未実施 ・障害監視の不十分性	3	3	9	・正確な運用手順の徹底 ・受領確認、記録化 ・電子メールの暗号化 ・持ち出し監視、稟議チェック ・クリアスクリーン ・スパイウェア対策ソフトの導入・ファイヤーウォール設定の強化 ・障害監視の徹底	4.6.1.1 操作手順書 4.6.7.1 情報及びソフトウェア交換合意事項 4.6.7.4 電子メールのセキュリティ 4.5.2.5 敷地外における装置のセキュリティ 4.5.3.1 クリアデスク及びクリアスクリーンポリシー 4.6.3.1 悪質ソフトウェアに対する管理策 4.7.4.7 ネットワークの接続制御 4.6.4.3 障害記録
営業	営業秘密、個人情報	可用性	・障害発生による使用制限、使用不能 ・不完全な業務引継	・障害監視の不十分性 ・引継業務の不十分性	3	3	9	・文書管理の徹底 ・障害監視の徹底 ・情報セキュリティの業務化	4.4.1.1 仕事の責任にセキュリティを含めること 4.4.2.1 情報セキュリティ教育・訓練 4.6.1.3 事故管理手順 4.6.4.3 障害記録 4.9.1.1 事業継続管理プロセス
業務資料	営業秘密、個人情報	機密性	・手渡し時における紛失 ・郵送紛失時における紛失 ・電子メール時における紛失 ・社員、協力会社社員による無断の持ち出し ・電子媒体時（電子メール、電子媒体）におけるウイルス汚染 ・部外者によるのぞき見 ・移動時における紛失 ・部外者による不正アクセス（施設侵入、ネットワーク侵入）	・手渡し時における収受確認の未実施 ・郵送時における収受確認の未実施 ・電子メール時における暗号化の未実施 ・社員、協力会社社員による持ち出しチェックの未実施・部外者によるのぞき見対策の未実施 ・部外者による不正アクセス監視機能が弱い	3	3	9	・受領確認、記録化 ・電子メールの暗号化 ・持ち出し監視、稟議チェック・クリアスクリーン ・スパイウェア対策ソフトの導入・ファイヤーウォール設定の強化	4.6.7.1 情報及びソフトウェア交換合意事項 4.6.7.4 電子メールのセキュリティ 4.5.2.5 敷地外における装置のセキュリティ 4.5.3.1 クリアデスク及びクリアスクリーンポリシー 4.6.3.1 悪質ソフトウェアに対する管理策 4.7.4.7 ネットワークの接続制御
業務資料	営業秘密、個人情報	完全性	・口頭連絡時における理解の相違 ・紙媒体の破損、電子媒体の破壊（ウイルス汚染、誤操作） ・誤入力・障害発生による破壊	・口頭連絡時における文書確認の未実施 ・電子媒体時（電子メール、電子媒体）におけるウイルス検疫の徹底不十分性 ・紙媒体、電子媒体のバックアップ不十分性・更新漏れ、誤入力チェックの未実施 ・障害監視の不十分性	3	3	9	・正確な運用手順の徹底 ・受領確認、記録化 ・電子メールの暗号化 ・持ち出し監視、稟議チェック ・クリアスクリーン ・スパイウェア対策ソフトの導入・ファイヤーウォール設定の強化 ・障害監視の徹底	4.6.1.1 操作手順書 4.6.7.1 情報及びソフトウェア交換合意事項 4.6.7.4 電子メールのセキュリティ 4.5.2.5 敷地外における装置のセキュリティ 4.5.3.1 クリアデスク及びクリアスクリーンポリシー 4.6.3.1 悪質ソフトウェアに対する管理策 4.7.4.7 ネットワークの接続制御 4.6.4.3 障害記録
業務資料	営業秘密、個人情報	可用性	・障害発生による使用制限、使用不能 ・不完全な業務引継	・障害監視の不十分性 ・引継業務の不十分性	3	3	9	・文書管理の徹底 ・障害監視の徹底 ・情報セキュリティの業務化	4.4.1.1 仕事の責任にセキュリティを含めること 4.4.2.1 情報セキュリティ教育・訓練 4.6.1.3 事故管理手順 4.6.4.3 障害記録 4.9.1.1 事業継続管理プロセス

❖ヒヤリハットが示す潜在的な発生確率

リスクの発生確率を考える場合、潜在的な発生の可能性についても頭に入れておくことが必要である。1：29：300の法則として知られているハインリッヒの法則は、元々、労働災害の発生確率を分析したものだが、セキュリティ事故についても当てはめることができる。ハインリッヒの法則によると、1件の重大災害の裏には、29件のかすり傷程度の軽災害があり、その裏にはケガはないがヒヤリハットした300件の体験があることが推測される。報告される事故の裏には300件以上のニアミスがあり、事故が報告されていなくてもヒヤリハットの事例は何件も起きている可能性があるということである、

重要書類の置き忘れやデータの誤送信、ファイルの誤消去など、情報セキュリティにおけるヒヤリハットの情報収集も実施する意義があるのではないだろうか。

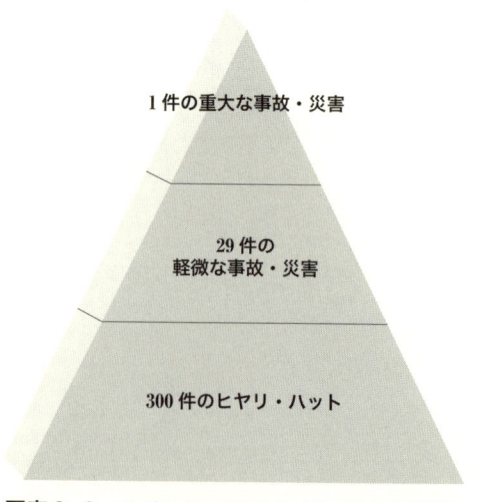

図表8-6　ハインリッヒの1：29：300の法則

4 リスクの重要度から設計する対応レベル

❖予防と軽減で考えるセキュリティ対策

　セキュリティ対策にはいろいろなものがある。情報セキュリティ規格である ISO27001 や ISO15408 にはセキュリティ対策が網羅的に列記されており、自社に必要なものを選択できるようになっている。これらのセキュリティ対策は、予防と軽減という二つの軽減策に分けることができる。予防とはファイヤーウォールやウイルスチェックソフトなどの導入であり、リスクが顕在化しないようにすることによって被害の発生を防ごうとするものである。軽減とは障害復旧のためのバックアップやデータセンターの耐震構造などであり、リスクが顕在化することを前提としてその被害を事後的に軽減しようとするものである。

　たとえば、不正アクセスを予防するためにパスワードによるログイン認証を導入する場合、もしもログイン認証を不正アクセス者によって突破されたとしても、軽減としてログファイルを残しておけば不正アクセス者が何をしたのかを追跡することによって、被害範囲の特定や不正アクセスの証拠を確保することができるのである。

　予防と軽減はあらゆる種類のセキュリティ対策に対して適用することができる。人に関するセキュリティ対策では、誓約書や教育は不正やミスを予防するものであり、指導や処分は再発防止という意味において軽減にあたるものと言える。組織に関するセキュリティ対策では、ルールの整備やアクセス制限は権限逸脱を予防するものであり、監督や監査は問題状況を是正する意味において軽減にあたるものと言える。物理的な設備施設に関するセキュリティ対策では、入退館・入退室管理や施錠は不正アクセスや盗難を予防するものであり、耐震床やスプリンクラー、UPS（無停電電源装置）などの災害対策は被災時の被害を最小限化する意味において軽減にあたるものと言える。情報技術に関するセキュリティ対策では、ウイルス対策はウイルス感染の防止、ファイヤーウォールは不正アクセスを予防す

るものであり、暗号化は紛失や盗難時に機密情報が不正されにくくする意味において軽減にあたるものといえる。

どれほど強固なセキュリティ対策であっても絶対ということがなく、前提条件が変化することによって、その有効性も低下する恐れがあることを考えれば、予防策だけでなく軽減策を組み合わせておくことがセキュリティ対策を設計する上で重要である。むやみやたらにセキュリティ対策を講じたとしても、予防策だけでは、それを破られてしまえばお手上げということになる。重要な資産であればあるほど、影響が大きいリスクであればあるほど、軽減策としての二の手、三の手を用意しておくべきである。

◈残存リスクと派生リスクまで考慮するセキュリティ対策の有効性

セキュリティ対策を設計する上で忘れてはいけないのが残存リスクと派生リスクである。

ログイン認証による不正アクセス防止を予防策として設計したとしよう。残存リスクとしては不正アクセス者による試行錯誤によるパスワード突破が考えられる。連続したログイン失敗時に当該ユーザIDの利用を停止するなどのより強固な予防策も考えられるが、ここでは正当ユーザによる不正アクセスという残存リスクについて考えてみたい。

情報システム部員やリモートメンテナンスの委託先社員など、特権IDの利用をゆるされた人間が不正アクセス者となった場合、彼らはログイン認証上は正当ユーザであり、堂々とシステムに入ることができる。そこで必要となるのがログファイルへの操作記録であり、上司などによる業務状況のチェックということになる。派生リスクについても考えてみよう。派生リスクの例としては障害対策のために作成したバックアップファイルが盗難に遭う、紛失するといったものがある。同様のものとしてログファイルに記録された個人情報が漏えいするといったものもある。こうした派生リスクも情報資産の洗い出しをきちんと実施している限り、アクセス制限や暗号化といったセキュリティ対策が抜けることはない。

残存リスクや派生リスクが恐いのはセキュリティ対策が抜けてしまうだ

けでなく、リスクの存在自体を見落としてしまうというセキュリティホールを生み出すからである。セキュリティ対策の設計においては、その対策に関連する残存リスクや派生リスクが十分に小さくなるまで気を緩めないことが必要である。以下は残存リスクと派生リスクまで考慮したセキュリティ対策の設計例である。

◇予防不可能なリスクは回避か移転、事業継続管理で対応する

　セキュリティリスクの中には、大地震のように影響度が巨大すぎて対策を打ちようがないものがある。こうした場合に必要となるのが、リスクそのものの回避や移転、リスクが顕在化した後に対策する事業継続管理（BCM：Business continuity management）である。

　リスクの回避とは文字通りリスクを避けることである。事業にリスクがあり、そのリスクの影響度も発生確率も高く組織としては受け入れがたい場合にその事業自体をやめてしまうというものである。医療データなどプライバシー性の高い個人情報のデータ保管をサービス外とすることなどがこれにあたる。リスク移転とは、リスクを保険会社どの他社に移転することである。リスク移転はいろいろな場面で利用される。大地震など影響度が巨大すぎて対策を打ちようがない災害によって生じたコンピュータの損害や業務停止といったリスクを移転するためにコンピュータ保険に入ることもあれば、不正アクセス防止などのセキュリティ対策を講じてもなお残る残存リスクを移転するために個人情報漏えい保険やIT賠償保険に入ることもある。注意すべきはあくまでも保険によるリスク移転は経済的な損失を補填するだけであり、企業信用や事業継続性まで補填してくれるわけではないということである。企業信用の回復や事業継続性の確保のためには事業継続管理に取り組まなければならない。事業継続管理は、対策することができずにそのまま残ったリスクを保有しておき、起きた後の対応策だけを考えておくものであるといえる。

　事業継続管理は、大地震などで重大な被害を受けた後でも業務を中断させずに、あるいは短時間で業務復旧させるための取り組みであり、そのた

めの計画は事業継続計画（BCP：Business Continuity Plan）と呼ばれる。

事業継続計画で策定すべきことは障害からの復旧手順だけにとどまらない。システム停止下での手作業での業務対応や、企業広報による信用低下の防止など、企業防衛のためにあらゆる手をつくすことを考えておかなくてはならない。特に注意しなければならないのは、事業継続計画で策定される内容は通常業務で社員が経験していないことであり、その多くについて訓練が必要となることである。

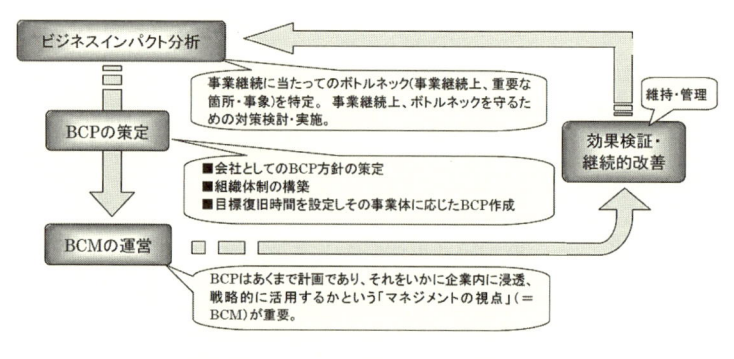

図表 8-7　BCM 構築の一般的な流れ

経済産業省の「事業継続計画策定ガイドライン」より引用

第9章

モデリングで設計する
セキュリティ対策

1　ミスユースケースでモデリングするセキュリティリスク

❖セキュリティ対策における四つのカテゴリ
　（物理的対策、技術的対策、人的対策、組織的対策）

　セキュリティ対策を設計する場合、物理的対策、技術的対策、人的対策、組織的対策という四つのカテゴリを組み合わせることが必要となる。
　物理的対策とは施設や設備、機器などハードな資産に対する物理的なぜい弱性を改善するもの、技術的対策とはネットワークやシステム、データなどソフトな資産に対する技術的なぜい弱性を改善するもの、人的対策とは採用や異動、退職、教育など関係者のモラルや能力上のぜい弱性を改善するもの、組織的対策とは責任権限の明確化やルールの整備といった組織上のあいまいさといったぜい弱性を改善するものを指している。これら四つのカテゴリがバランスよく組み合わさることによって、一つのカテゴリだけの対策を講じる場合よりもより大きな効果を得ることができる。たとえば、物理的対策だけを講じる場合、入退館チェックをする受付者が不審者を見過ごしたり、鍵付きの書庫が施錠されていないといったセキュリティホールが生じる恐れがある。IDカードや指紋認証といった技術的対策や受付者教育といった人的対策を講じることによって、うっかりによる見過ごしがなくなり、責任権限規程やセキュリティ規程といったルールを整備する組織的対策によって、書庫が未施錠で放置されにくくなることが期待できるのである。

図表 9-1　セキュリティ対策における四つのカテゴリ

カテゴリ	対策例
物理的対策	①入退館（室）管理
	②盗難等の防止
	③機器・装置等の物理的な保護
技術的対策	①ログイン認証
	②アクセス制限
	③ウイルス対策
	④暗号化
	⑤バックアップ
	⑥障害監視
人的対策	①雇用、退職時誓約書
	②教育訓練
	③信賞必罰
組織的対策	①責任権限の明確化
	②セキュリティルールの整備
	③緊急時体制の確立

※ミスユースケースで浮かび上がるセキュリティ対策の事前事後の条件

　ミスユースケースとは、システム設計に用いられるユースケースと呼ばれるモデリング手法を拡張して、脅威とぜい弱性の相互作用を分析できるようにしたものである。相性となる脅威とぜい弱性を特定し、四つのカテゴリからセキュリティ対策を選択して組み合わせる場合、注意しなければならないことがある。それは、採用するセキュリティ対策の前提となる事前条件や、大きな残存リスクや派生リスクを生み出さないようにする事後条件を見落としてしまうことである。対象とする脅威やぜい弱性の数や種類、特性によっては、こうした事前事後の条件を明らかにすること自体が難しくなる。その結果、セキュリティ対策を講じることが新たなるセキュリティホールを生み出すという最も避けなければならない事態が生じるのである。ミスユースケースによって脅威とぜい弱性のふるまいを分析する

ことは、手間がかかるようでも実際の導入や運用、監視を円滑に進めることとなるものであり、広く実施されることが望まれる。システム開発を担当するシステムエンジニアがユースケースを使ってシステム設計するように、ミスユースケースを使ってセキュリティ設計できるセキュリティエンジニアが多く育つことがセキュアなビジネス社会を構築するための課題であると言っても過言ではないだろう。

◈セキュリティリスクを生み出す脅威とぜい弱性の接点洗い出し

図表9-2は、セキュリティリスクを生み出す脅威とぜい弱性の接点を洗い出すために、Security Caseと呼ばれる分析ツールを使って、セキュリティケースをモデルとして整理したものである。ミスユースケースを使って、脅威とぜい弱性の動的なふるまいを分析する前に対象となるセキュリティケースの静的な性質について定義するのがSecurity Caseであ

図表9-2 Security Caseによるセキュリティケースの定義例

Use Case Path	不正ログインの拒否
関連リスクのUse Case Path	パスワードの保護
脅威	部外者による不正アクセス
事前条件	パスワードを正当ユーザに配布する
事後条件	正当ユーザがパスワードを保護していることを確認する

ユーザの相互作用	ミスユーザの相互作用	システム要求	
		相互作用	アクション
安易なパスワードを設定する	パスワードを推測する		パスワード登録を拒否する
長期間パスワードを更新しない	パスワードを推測する	パスワードの未更新状況を管理者に通知する	パスワードの定期的変更を要求する
パスワードを書いたメモを貼付する	パスワードをのぞき見する	ユーザに対してパスワード露出の禁止を通知する	
ID、パスワードをグループで共有する	異動者や退職者など権限のないIDを使用する	グループ管理者に対して異動や退職が生じた場合にパスワードを変更するよう通知する	パスワードの定期的変更を要求する

る。ここでは、正当ユーザのパスワードを使って不正アクセスを働こうとする者（脅威）に対するパスワードを不正使用されてしまう不用意な者（ぜい弱性）のふるまいを分析するために Security Case を作成している。この例では、セキュリティ対策の前提となる事前の条件として「パスワードを正当ユーザに配布する」ことが、残存リスク、派生リスクを防ぐための事後の条件として「正当ユーザがパスワードを保護していることを確認する」ことが、必要となることが確認できる。

❖ミスユースケースによる脅威とぜい弱性のふるまい分析

　Security Case で定義したセキュリティケースをもとに、ミスユースケースを使って脅威とぜい弱性の動的なふるまいを分析したのが図表9-3である。ミスユースケースにおいてアクターと呼ばれる人型は脅威とぜい弱性を示しており、ここでは、脅威として左側にアタッカー（悪意のハッカー）が配置され、右側にぜい弱性としてシステム管理者と操作員（ユーザ）が配置されている。ユースケースと呼ばれる楕円形で示されているものは脅威とぜい弱性それぞれによる作用（ふるまい）を表している。アクターとユースケースを結びつける矢印には「inculude（包含関係）」と「mitigate（弱める）」の意味付けがされており、矢印を引ける可能性や意味を考えることによって、Security Case の定義内容を検証することができるのである。この例では、システム管理者がメンテナンス業者用のパスワードを定期的に変更するという正しい作用が委託業者へのパスワード通知や業者内でのパスワード共有といったリスクを生み出すことが、分析によって明らかになっている。セキュリティケースにおいて事後条件として定義されていた「正当ユーザがパスワードを保護していることを確認する」については、担当者変更など組織異動がある場合に特に重要となることを追記すべきことがわかるだろう。

第9章 モデリングで設計するセキュリティ対策

図表9-3 ミスユースケースによるセキュリティケースの分析例

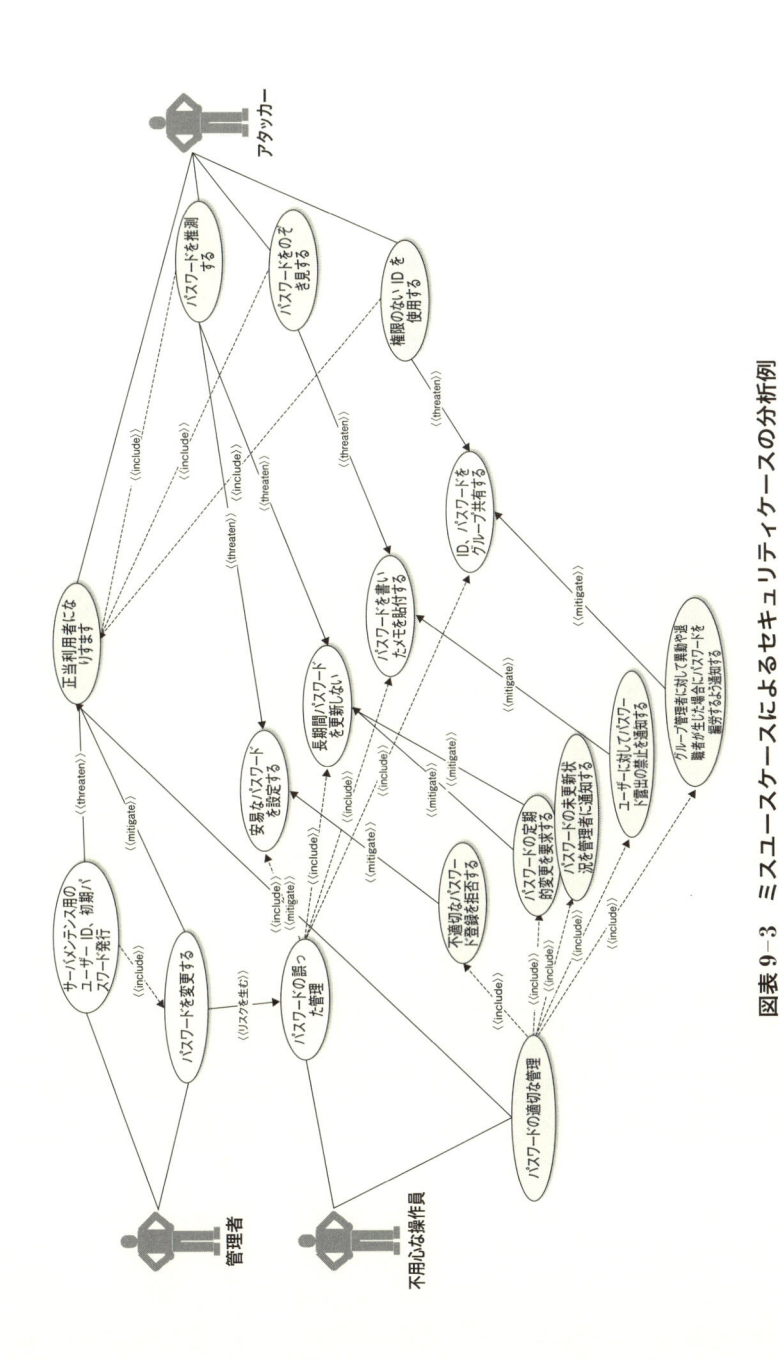

169

2　ISMSとコモンクライテリアから選択するセキュリティ対策

❖ ISMSが提示するセキュリティ対策

　ISMS（ISO27001）やISMSをもとに策定されている経済産業省の情報セキュリティ管理基準では、前述した四つのカテゴリを網羅する具体的なセキュリティ対策が体系的に示されている。第8章で紹介したIPA情報処理推進機構の「情報セキュリティ対策ベンチマーク」もISMSで示されているセキュリティ対策をもとにして設計されたものである。

　ISO27001ではセキュリティ対策が規格の附属書Aに詳細管理策として列記されており、ISO27001に取り組む企業はリスクアセスメントの結果をもとにして、適用すべきセキュリティ対策をこの中から選択する形をとる。ISO27001の附属書Aに示されている詳細管理策はA5からA15までの11種類に分類されており、総計133の詳細管理策が定義されている。

　なお、ISO27001の兄弟規格であるISO 27002には個々の詳細管理策について具体的に何をすればよいのかが解説されており、セキュリティ対策を設計する際のガイドブックとしての役割を果たすものとなっている。

　附属書Aに示された詳細管理策は以下の11種類に分類されており、前述した四つのカテゴリに対応させると、A.5 セキュリティ基本方針とA.6 情報セキュリティのための組織、A.7 資産の管理、A.13 情報セキュリティインシデントの管理、A.14 事業継続管理、A.15 順守が組織的対策にあたり、A.9 物理的及び環境的セキュリティが物理的対策にあたり、A.8 人的資源のセキュリティが人的対策にあたり、A.10 通信及び運用管理、A.11 アクセス制御、A.12 情報システムの取得、開発及び保守が主に技術的対策にあたっていることがわかる。

　ISO27001の詳細について知りたい場合は、日本規格協会から「情報技術─セキュリティ技術─情報セキュリティマネジメントシステム─要求事項　JIS Q 27001：2006」として有償販売されているものを入手する必要がある。経済産業省から無償で提供されている情報セキュリティ管理基準は

第9章　モデリングで設計するセキュリティ対策

図表9-4　ISMSにおける11種類のセキュリティ対策

A.5	セキュリティ基本方針
A.6	情報セキュリティのための組織
A.7	資産の管理
A.8	人的資源のセキュリティ
A.9	物理的及び環境的セキュリティ
A.10	通信及び運用管理
A.11	アクセス制御
A.12	情報システムの取得、開発及び保守
A.13	情報セキュリティインシデントの管理
A.14	事業継続管理
A.15	順守

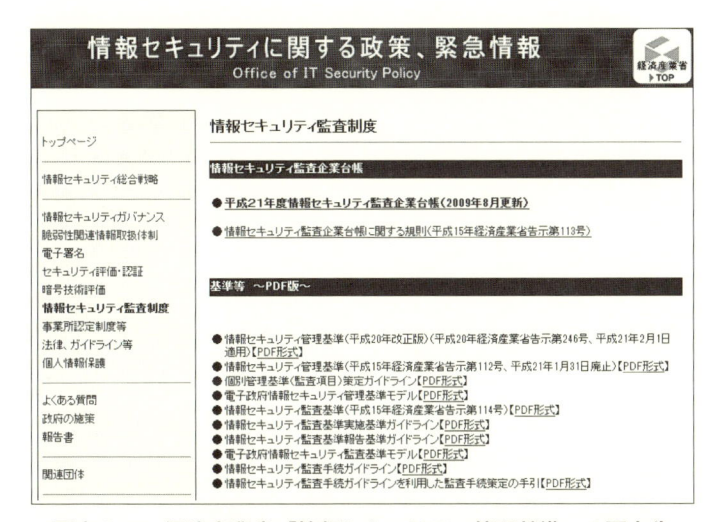

図表9-5　経済産業省「情報セキュリティ管理基準」の配布先
http://www.meti.go.jp/policy/netsecurity/audit.htm

「JIS Q 27001：2006」をもとにして作成されているため、提示されている管理策も同じく11種類となっている。ISO27001を認証取得する必要はないが情報セキュリティマネジメントには取り組みたいという企業ではこちらを活用すればよいだろう。

171

❖ ISMS の詳細管理策の概要

以下、11種類の詳細管理策の概要について解説しておく。

〈A.5　セキュリティ基本方針〉

セキュリティポリシーによって経営者が情報セキュリティに取り組むことを内外に向けて宣言することと、定期的に見直すことが要求されている。

〈A.6　情報セキュリティのための組織〉

社内の情報セキュリティを管理するための内部組織を整備することと、顧客や委託先（データセンターやシステム開発委託先など）といった外部組織との関係を明確にすることが要求されている。内部組織の整備では、経営者の責任や、組織内の役割分担、セキュリティ責任の明確化などが、外部組織との関係では、顧客への要求事項や第三者との契約事項を明確にすることが必要となる。

〈A.7　資産の管理〉

資産目録を作成して資産を特定することや、資産ごとの管理責任者を任命すること、資産を重要性の観点から分類することが要求されている。

〈A.8　人的資源のセキュリティ〉

雇用前と雇用期間中、雇用の終了又は変更後の三つのフェーズにおける対策が提示されており、雇用前では、採用者に対する役割、責任を明確にした上で厳格に選考することと、雇用条件について同意を得ることが、雇用期間中では、教育訓練の実施や懲戒手続の整備が、雇用の終了又は変更では、資産の返却やアクセス権の削除といった管理策が要求されている。

〈A.9　物理的及び環境的セキュリティ〉

施錠や入退チェックなどによる立ち入り制限や、災害対策といった施設保護と、適切な設置や取り扱い、定期的な点検や保守による装置の保護が要求されている。

〈A.10　通信及び運用管理〉

システム運用や外部サービス利用時の手順や責任、監視、システム開発時の受け入れテスト、悪意のソフトウェアからの保護、バックアップによ

る障害対策、ネットワークの監視、媒体の取り扱いや保管の手順、外部との電子データ交換におけるルールの取り決めとデータ保護、電子商取引における改ざんや情報漏えい対策、障害や不正アクセスに対するログ監視など、システム利用時におけるセキュリティ対策が網羅的に列記されている。

〈A.11　アクセス制御〉

利用者登録・削除の手順、特権ユーザIDの管理、パスワード管理、アクセス権の割り当ての定期的な見直し、クリアデスク・クリアスクリーンの実施、リモートアクセスの制限、OSやソフトウェア、重要データへのアクセス制限など、アクセス制御に関するセキュリティ対策が網羅的に列記されている。

〈A.12　情報システムの取得、開発及び保守〉

セキュリティ要求の仕様化、入出力データの妥当性確保、情報破壊の検出機能、暗号キーの保護、システム導入手順、テストデータの管理、プログラムソースコードへのアクセス制限、変更管理手順、外部委託先の監督・監視、技術的ぜい弱性の情報収集といった、システム開発時に確保すべきセキュリティ対策が網羅的に列記されている。

〈A.13　情報セキュリティインシデントの管理〉

情報セキュリティインシデントの発生を監視する仕組みや、情報セキュリティインシデントに対して迅速かつ効果的で整然とした対応のための責任体制及び手順が要求されている。ここで言う情報セキュリティインシデントとは、ウイルス感染や不正アクセス、情報漏えいといった、あらゆるセキュリティ事件、事故を指している。

〈A.14　事業継続管理〉

情報システムの重大な故障又は災害の影響からの速やかな復旧、事業再開を確実にするための体制や手続の整備や、リスクアセスメントにもとづく事業継続計画（BCP）の策定及びテストが要求されている。

〈A.15　順守〉

組織が順守すべき適用法令の識別、知的財産権保護のための手順、消失，破壊及び改ざんからの記録保護、個人情報の保護、情報処理施設の

不正使用防止、暗号化に関する規制順守、順守状況の点検、システム監査の実施など、コンプライアンスに関連するセキュリティ対策が提示されている。

◈コモンクライテリアが示す機能要件と保証要件

コモンクライテリア（CC：Common Criteria. ISO/IEC15408）は、ITセキュリティ評価の国際標準であり、システムベンダーが販売するIT製品やサービスごとに認証を受けるものである。コモンクライテリアでは機能要件と保証要件の二つが定義されている。機能要件ではセキュリティ機能要件が機能分野別に分類されている。主要な機能要件としては、FAU（セキュリティ監査）、FCO（通信）、FCS（暗号サポート）、FDP（利用者データ保護）、FIA（識別と認証）、FMT（セキュリティ管理）、FPR（プライバシー）、FPT（TOEセキュリティ機能の保護）、FRU（資源利用）、FTA（TOEアクセス）、及びFTP（高信頼パス／チャネル）といったものがあり、ISMSにおける技術的対策と類似するものも定義されている。また、ファイヤーウォールやICカードなどセキュリティ製品の種類ごとに典型的なセキュリティ機能のセットである「プロテクションプロファイル」（PP）も策定されている。セキュリティ保証要件では、評価結果の信頼性を担保するための数多くのセキュリティ保証要件が定義されており、EAL（Evaluation Assurance Level, 評価保証レベル）によって製品やサービスのセキュリティ保証レベルをEAL1からEAL7までの7段階で評価する。

EAL1はクリアすることが容易であり、EAL7は最もクリアすることが厳しいものとなっている。ファイヤーウォールやウイルス対策ソフトなどセキュリティ製品においては、より高レベルのEALを保証することが望ましく、業務パッケージソフトなどにおいても医療や電子商取引など社会的影響が大きい製品についてはコモンクライテリアの認証を受けることが望ましい。残念ながらコモンクライテリアの認証はISMSほどに利用企業が多くない。ユーザ企業側のIT調達においてEAL保証を考慮するなど、コモンクライテリアの重要性がより広く認知されることが重要である。

第 9 章　モデリングで設計するセキュリティ対策

評価保証レベル[1]	想定されるセキュリティ保証レベル	評価概要[2]
EAL7	EAL7は設定されている評価保証レベルの最高レベルであり、非常にリスクが大きい環境や高い開発費用に見合う資産を保護するために開発された製品の保証レベル	形式的検証済み設計、及びテスト
EAL6	重大なリスクに対して高い価値のある資産を保護するために、開発環境にセキュリティ工学技術を適用して開発される特別製の製品の保証レベル	準形式的検証済み設計、及びテスト
EAL5	特定の分野の商用製品・システムにおいて、最大限のセキュリティ確保をするためにセキュリティの専門家の支援により開発、生産された製品の保証レベル	準形式的設計、及びテスト
EAL4	商用製品やシステムにおいて高度なセキュリティ確保を実現するために、セキュリティを考慮した開発と生産ラインを導入して生産される製品の保証レベル	方式設計、テスト、及びレビュー
EAL3	不特定な利用者が利用できる環境、不正対策が要求される場合に用いられる製品の保証レベル	方式テスト、及びチェック
EAL2	利用者や開発者が限定されており、安全な運用を脅かす重大な脅威が存在しない場合に用いられる製品の保証レベル	構造テスト
EAL1	クローズドな環境での運用を前提に安全な利用や保証が保証された場合に用いられる製品の保証レベル	機能テスト

図表 9-6　コモンクライテリアにおける EAL の保証レベル
IPA「ISO/IEC 15408 IT セキュリティ評価及び認証制度パンフレット」より引用

図表 9-7　コモンクライテリアにおける EAL 設定基準

EAL	保証レベル	構成管理	配付と運用	開発	ガイダンス文書	ライフサイクル	テスト	脆弱性評定
EAL1	機能テスト	ACM_CAP.1 バージョン番号	ADO_IGS.1 設置、生成、及び立ち上げ手順	ADV_FSP.1 非形式的機能仕様 ADV_RCR.1 非形式的対応の実証	AGD_ADM.1 管理者ガイダンス AGD_USR.1 利用者ガイダンス	—	ATE_IND.1 独立テスト―準拠	—
EAL2	構造化テスト	ACM_CAP.2 構成要素	ADO_DEL.1 配付手続き ADO_IGS.1 設置、生成、及び立ち上げ手順	ADV_FSP.1 非形式的機能仕様 ADV_HLD.1 記述的上位レベル設計 ADV_RCR.1 非形式的対応の実証	AGD_ADM.1 管理者ガイダンス AGD_USR.1 利用者ガイダンス	—	ATE_COV.1 カバレージの証拠テスト ATE_FUN.1 機能 ATE_IND.2 独立試験―サンプル	AVA_SOF.1 TOEセキュリティ機能強度評価 AVA_VLA.1 開発者脆弱性分析
EAL3	方式的テスト、及びチェック	ACM_CAP.3 許可の管理 ACM_SCP.1 TOEのCM範囲	ADO_DEL.1 配付手続き ADO_IGS.1 設置、生成、及び立ち上げ手順	ADV_FSP.1 非形式的機能仕様 ADV_HLD.2 セキュリティ実施上位レベル設計 ADV_RCR.1 非形式的対応の実証	AGD_ADM.1 管理者ガイダンス AGD_USR.1 利用者ガイダンス	ALC_DVS.1 セキュリティ手段の識別	ATE_COV.2 カバレージの分析 ATE_DPT.1 テスト：上位設計 ATE_FUN.1 機能テスト ATE_IND.2 独立テスト―サンプル	AVA_MSU.1 ガイダンスの検査 AVA_SOF.1 TOEセキュリティ機能強度評価 AVA_VLA.1 開発者脆弱性分析
EAL4	方式的設計、テスト、及びレビュー	ACM_AUT.1 部分的なCM自動化 ACM_CAP.4 生成の支援と受入手続き ACM_SCP.2 問題追跡のCM範囲	ADO_DEL.2 改変の検出 ADO_IGS.1 設置、生成、及び立ち上げ手順	ADV_FSP.2 完全に定義された外部インタフェース ADV_HLD.2 セキュリティ実施上位レベル設計 ADV_IMP.1 TSFの実装のサブセット ADV_LLD.1 記述的下位レベル設計 ADV_RCR.1 非形式的対応の実証	AGD_ADM.1 管理者ガイダンス AGD_USR.1 利用者ガイダンス	ALC_DVS.1 セキュリティ手段の識別 ALC_LCD.1 開発者によるライフサイクルモデルの定義 ALC_TAT.1 よく定義された開発ツール	ATE_COV.2 カバレージの分析 ATE_DPT.1 テスト：上位レベル設計 ATE_FUN.1 機能テスト ATE_IND.2 独立テスト―サンプル	AVA_MSU.2 分析の確認 AVA_SOF.1 TOEセキュリティ機能強度評価 AVA_VLA.2 独立脆弱性テスト

175

第Ⅱ部　情報セキュリティマネジメントの取り組み

EAL	保証レベル	保証クラス						
		構成管理	配付と運用	開発	ガイダンス文書	ライフサイクル	テスト	脆弱性評定
EAL4				ADV_SPM.1 非形式的なTOEセキュリティ方針モデル				
EAL5	準形式的設計、及びテスト	ACM_AUIT.1 部分的なCM自動化 ACM_CAP.4 生成の支援と受入手続き ACM_SCP.3 開発ツールのCM範囲	ADO_DEL.2 改変の検出 ADO_IGS.1 設置、生成、及び立上げ手順	ADV_FSP.3 準形式的機能仕様 ADV_HLD.3 準形式的上位レベル設計 ADV_IMP.2 TSFの実装 ADV_INT.1 モジュール方式 ADV_LLD.1 記述的下位レベル設計 ADV_RCR.2 準形式的対応の実証 ADV_SPM.3 形式的なTOEセキュリティ方針モデル	AGD_ADM.1 管理者ガイダンス AGD_USR.1 利用者ガイダンス	ALC_DVS.1 セキュリティ手段の識別 ALC_LCD.2 標準化されたライフサイクルモデル ALC_TAT.2 実装標準への準拠	ATE_COV.2 カバレージの分析 ATE_DPT.2 テスト：下位レベル設計 ATE_FUN.1 機能テスト ATE_IND.2 独立テスト―サンプル	AVA_CCA.1 隠れチャネル分析 AVA_MSU.2 分析の確認 AVA_SOF.1 TOEセキュリティ機能強度評価 AVA_VLA.3 中程度の抵抗力
EAL6	準形式的検証済み設計、及びテスト	ACM_AUIT.2 完全なCM自動化 ACM_CAP.5 進んだサポート ACM_SCP.3 開発ツールのCM範囲	ADO_DEL.2 改変の検出 ADO_IGS.1 設置、生成、及び立上げ手順	ADV_FSP.3 準形式的機能仕様 ADV_HLD.4 準形式的上位レベル説明 ADV_IMP.2 TSFの構造化実装 ADV_INT.2 複雑さの軽減 ADV_LLD.2 準形式的下位レベル設計 ADV_RCR.2 準形式的対応の実証 ADV_SPM.3 形式的なTOEセキュリティ方針モデル	AGD_ADM.1 管理者ガイダンス AGD_USR.1 利用者ガイダンス	ALC_DVS.2 セキュリティ手段の十分性 ALC_LCD.2 標準化されたライフサイクルモデル ALC_TAT.3 実装標準への準拠―すべての部分	ATE_COV.3 カバレージの厳格な分析 ATE_DPT.2 テスト：下位レベル設計 ATE_FUN.2 順序付けられた機能テスト ATE_IND.2 独立テスト―サンプル	AVA_CCA.2 系統的隠れチャネル分析 AVA_MSU.3 セキュアでない状態の分析とテスト AVA_SOF.1 TOEセキュリティ機能強度評価 AVA_VLA.4 高い抵抗力
EAL7	形式的検証済み設計、及びテスト	ACM_AUIT.2 完全なCM自動化 ACM_CAP.5 進んだサポート ACM_SCP.3 開発ツールのCM範囲	ADO_DEL.3 改変の防止 ADO_IGS.1 設置、生成、及び立上げ手順	ADV_FSP.4 形式的機能仕様 ADV_HLD.5 形式的上位レベル設計 ADV_IMP.3 TSFの構造化実装 ADV_INT.3 複雑さの最小化 ADV_LLD.2 準形式的下位レベル設計 ADV_RCR.3 形式的対応の実証 ADV_SPM.3 形式的なTOEセキュリティ方針モデル	AGD_ADM.1 管理者ガイダンス AGD_USR.1 利用者ガイダンス	ALC_DVS.2 セキュリティ手段の十分性 ALC_LCD.3 測定可能なライフサイクルモデル ALC_TAT.3 実装標準への準拠―すべての部分	ATE_COV.3 カバレージの厳格な分析 ATE_DPT.3 テスト：実装表現 ATE_FUN.2 順序付けられた機能テスト ATE_IND.3 独立テスト―完全	AVA_CCA.2 系統的隠れチャネル分析 AVA_MSU.3 セキュアでない状態の分析とテスト AVA_SOF.1 TOEセキュリティ機能強度評価 AVA_VLA.4 高い抵抗力

3　セキュリティ対策に対する事前事後の検証

❖バリデーションとベリフィケーションという二種類の検証

　ISMSの認証やコモンクライテリアのEAL保証を受けたとしても、それはその時点でのことである。1年後、2年後においても認証時点でのセキュリティ強度があることを示すものではない。認証取得することを目的とするような企業では、取った後セキュリティ強度が前よりもかえって悪くなるということすら考えられる。当初、設計したセキュリティ対策の有効性を維持し続けるためには、現場点検やログ分析といったモニタリングを通じて、問題がないことを検証しなければならない。検証には事前に行うものと事後に行うものとがある。また、その目的によってバリデーションとベリフィケーションという二種類の検証に分類することができる。事前に行う検証とはセキュリティ対策のテストのことであり、選択するセキュリティ対策が新しいものであったり、未経験のものである場合に必要となる。

　事後に行う検証とはセキュリティ対策の結果確認のことであり、当初の想定通りリスクが軽減され、予測以上の残存リスクや派生リスクが生じていないことを確認するために行われるものである。バリデーションとはセキュリティ対策が期待される結果を与えることを検証することであり、ベリフィケーションとは、セキュリティ対策が設計通りに機能しているかを検証することを意味する。バリデーションもベリフィケーションも基本的には事後に行われるが、対象となるリスクが大きくセキュリティ対策の有効性を確保することが極めて重要となる場合は、テストやシミュレーション、専門家による評価などによって事前に行われることとなる。品質管理などでは検証することが当たり前となっているが、マネジメントとして取り組むことが定着していない情報セキュリティにおいては、検証されずにセキュリティ対策が実施されていることも珍しくない状況である。セキュリティ対策はリスクアセスメントによって設計されるものであることを考

えれば、リスクアセスメントが不適切であれば選択されるセキュリティ対策も不適切となるのは当然の帰結である。バリデーションを実施することによって、選択されたセキュリティ対策の有効性を確認できるだけでなく、リスクアセスメントの結果が妥当であったことも確認できるのである。たとえ、リスクアセスメントの結果が妥当であり、セキュリティ対策も有効性を持つものだとしても、前提条件が確保されていなかったり、変化することによって、残存リスクや派生リスクが大きくなる恐れが生じる。継続的な検証活動の実施によって、セキュリティホールの発生と成長を早期発見して初期のうちに芽をつむことができるのである。

❖セキュリティ対策のテスト運用で有効性を確認する

セキュリティ対策をテストすることによって有効性を事前確認することの重要性は機器やツールといった物理的、技術的対策だけにとどまらない。体制やルール、教育、監査、さらにはセキュリティポリシーですらテスト運用することによって有効性を確認することができる。障害対策用に実施されることが多いバックアップも、バックアップした媒体からリストア（復元）できるかをテストしたことがないという職場は少なくない。障害発生時に媒体エラーが判明しリストアできなかったり、火災発生時に警報機が機能しなかったり、ファイヤーウォールが設定ミスで不正アクセスを通していたという事例もある。こうしたことと同じことが体制やルール、教育、監査といった組織的対策、人的対策にもあてはまる。体制やルールであれば入退館の受付者に対して許可されていない人物や手順での入館が拒否されるかについてテストしてみたり、教育であれば理解度テストによって教育効果を測ることが考えられる。監査については不適切な状況を人為的に作り出し、監査員が発見できるか観察することが考えられるだろう。では、セキュリティポリシーは何をテストすればよいのだろうか。従業員に対しては教育の一環として理解度テストを実施することが考えられる。しかし、最も重要なことは経営者自身による検証である。セキュリティポリシーの内容が経営戦略と合致していなければ、事業計画や

第9章　モデリングで設計するセキュリティ対策

組織開発といった経営活動そのものと乖離が生じるはずである。経営戦略に合致しないセキュリティポリシーはお飾りにすぎない。セキュアな経営が確保するための最大の対策がセキュリティポリシーの制定にあるとするならば、そのセキュリティポリシーの有効性を確認するための検証は最も重要なものとなるはずである。

◇セキュリティ対策の有効性を検証する方法を設計する

　どれだけ強固に建造された建築物でも長い時が経てばネジが緩み釘がさびたりして傷んでくる。セキュリティ対策も同じであり、いつまでも有効とは限らない。組織が変わり人が変わり業務が変われば、セキュリティ対策の前提条件にも大きな影響を与えることとなる。また、人が変わらなくても意識が変わり、業務が変わらなくても慣れが生じることによっても元の前提条件は崩れていく。このように、セキュリティ対策の有効性を検証するにしても何を検証すべきかがわかっていなければ重要な変化を見落とす危険性がある。ここでも先に紹介したセキュリティケースの定義と分析が役に立つ。図表9-1のSecurity Caseで定義されていた不正ログインの拒否というセキュリティケースで言えば、事前事後条件やユーザの相互作用、ミスユーザの相互作用が検証すべきポイントとなる。「パスワードを正当ユーザに配布する」という事前条件からは、システム管理者が適切な能力を持ち、定められたルールに従って業務遂行していることを検証することが必要であり、「正当ユーザがパスワードを保護していることを確認する」という事後条件からは、ユーザは適切な強度を持つパスワードを設定しており他人に漏らすことなく、かつ定期的に変更していることを検証することが必要であることがわかる。

　以下は図表9-1のSecurity Caseの内容から抽出した検証ポイントの例である。事前事後条件に対する検証では前提条件の変化を、ユーザの相互作用に対する検証ではぜい弱性の増大を、ミスユーザの相互作用に対する検証は脅威の増大を確認している。

179

第Ⅱ部　情報セキュリティマネジメントの取り組み

図表 9-8　セキュリティケースにもとづく検証ポイントの設計例

分類	要件	検証ポイント
事前条件	パスワードを正当ユーザに配布する	・システム管理者が適切な能力を持っているか？
		・定められたルールに従って業務遂行しているか？
事後条件	正当ユーザがパスワードを保護していることを確認する	・無作為抽出したユーザは適切な強度を持つパスワードを設定しているか？
		・無作為抽出したユーザはパスワードを他人に漏らしていないか？
		・無作為抽出したユーザはパスワードを定期的に変更しているか？
ユーザの相互作用	安易なパスワードを設定する	・無作為抽出したユーザのパスワード強度は適切か？
	長期間パスワードを更新しない	・無作為抽出したユーザはパスワードをいつ変更したか？
	パスワードを書いたメモを貼付する	・無作為抽出したユーザはパスワードを秘密保護していたか？
	ID、パスワードをグループで共有する	・無作為抽出したユーザはパスワードを別の者に使わせていなかったか？
ミスユーザの相互作用	パスワードを推測する	・アクセスログに不正アクセスの形跡は残っていないか？
	パスワードをのぞき見する	・無作為抽出したユーザのパソコンにキーロガーはインストールされていないか？
		・無作為抽出したユーザの入退室管理は適切に実施されているか？
		・無作為抽出したユーザは公共の場所などでパスワードやヒントとなるような情報をもらしていないか？
	異動者や退職者など権限のないIDを使用する	・システム管理者は異動者や退職者のユーザIDを削除しているか？
		・期間抽出したユーザリストの中に異動者や退職者が存在しないか？

4　セキュリティ対策の先にある事業継続対策

◈残存リスクと派生リスクをゼロにはできない

どれだけセキュリティ対策を組み合わせようとも残存リスクをゼロにすることはできないし、どれだけ注意をしても派生リスクもゼロにすることはできない。にもかかわらず、情報セキュリティの取り組みでは発生予防に終始し、発生後に目が向けられることが少ないように思われる。そのような中で、阪神・淡路大震災や豚インフルエンザの大流行（パンデミック）といった事件の経験が政府や企業に事業継続対策の重要性を突きつけることとなった。経済産業省の「事業継続計画策定ガイドライン」では、企業経営者は、個々の事業形態・特性などを考えた上で、企業存続の生命線である「事業継続」を死守するための行動計画である「BCP（Business

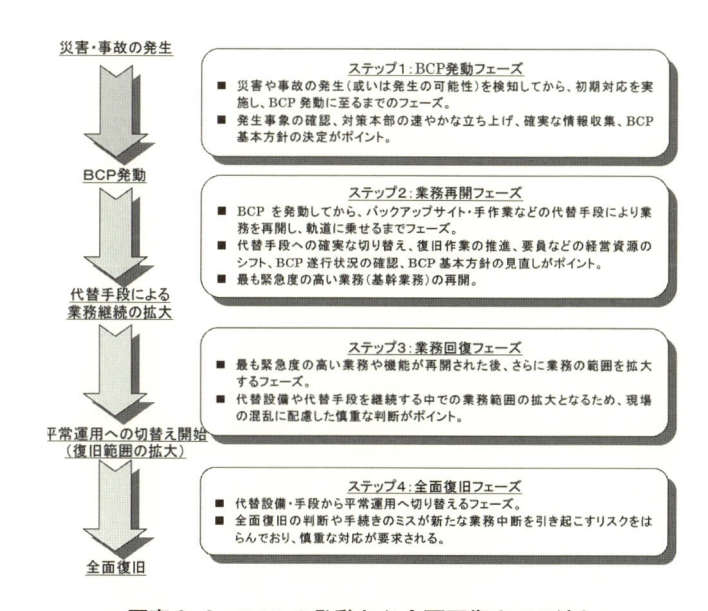

図表9-9　BCPの発動から全面回復までの流れ

経済産業省の「事業継続計画策定ガイドライン」より引用

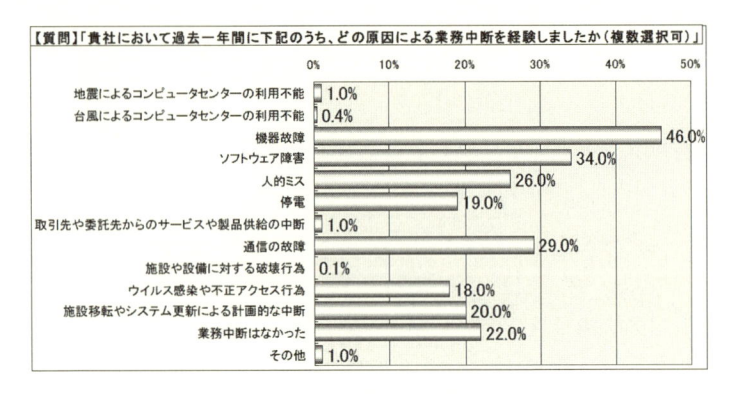

第Ⅱ部　情報セキュリティマネジメントの取り組み

図表 9-10　企業における事業中断の原因

原因	割合
地震によるコンピュータセンターの利用不能	1.0%
台風によるコンピュータセンターの利用不能	0.4%
機器故障	46.0%
ソフトウェア障害	34.0%
人的ミス	26.0%
停電	19.0%
取引先や委託先からのサービスや製品供給の中断	1.0%
通信の故障	29.0%
施設や設備に対する破壊行為	0.1%
ウイルス感染や不正アクセス行為	18.0%
施設移転やシステム更新による計画的な中断	20.0%
業務中断はなかった	22.0%
その他	1.0%

【質問】「貴社において過去一年間に下記のうち、どの原因による業務中断を経験しましたか(複数選択可)」

経済産業省の「事業継続計画策定ガイドライン」より引用

Continuity Plan)」及び、その運用、見直しまでのマネジメントシステム全体である「BCM (Business Continuity Management)」を構築することが望まれるとしている。「事業継続計画策定ガイドライン」では、BCPとBCMを、事故や災害などが発生した際に「いかに事業を継続させるか」もしくは「いかに事業を目標として設定した時間内に再開させるか」について様々な観点から対策を講じることであるとしている。BCPはそのための計画自体を指し、BCMはBCPの策定から運用、見直しまでのマネジメントシステム全体を指している。

◈リスク許容せざるを得ないセキュリティリスクもある

大地震やパンデミックなどいつどこで起きるかわからないような脅威に対しては、たとえリスクアセスメントにおいても被害が甚大となることが予測できたとしても、起きるかどうか自体がはっきりしないことに対する投資は消極的にならざるを得ない。だからといって、起きた時にあきらめるしかないというのでは、企業として失格であり、何よりも取引相手としての企業を考えた場合、信用に値しないことは明らかだろう。リスク許容せざるを得ないセキュリティリスクがあったとしても、事件事故発生後に

第 9 章　モデリングで設計するセキュリティ対策

早期対応し、機能停止に陥ることなく、最低限の事業継続と速やかな復旧を行えるような体制を整えることによって、企業においても倒産の憂き目をみることもなく、国全体としてもパニック状態となることを避けることができる。特に、消費財やサービスなど国民の生活に直結するような事業に関係する企業においては、自社防衛の観点だけでなく、CSR（企業の社会的責任）の観点からも BCP、BCM に取り組むことが責務となる。

❖事業停止から生じる経営ダメージのミニマム化

BCP、BCM では事業停止から生じる経営ダメージをミニマム化することが最大の目的となる。IT 依存度が高い企業は、ひとたび情報システムやネットワークが使えなくなってしまうと、あっという間に機能不全に陥ってしまう。コンビニエンスストアのアルバイト店員の中には釣り銭の計算すら POS レジに頼っていて暗算どころか手計算も危うかったりする者もいる。正社員の方は問題ないかというと、業務システムが使えなくなると自力で見積書も請求書も書けないということもありうる話だったりする。本来、情報システムが処理している多くのことは人が時間をかければできるものである。問題は業務をシステム化する際に、それまでの手作業でのやり方を全て放棄してしまってきたことにある。

売り伝（売上伝票）、買い伝（仕入伝票）、振り伝（振替伝票）といった手書きの伝票さえあれば受注も発注も入出金も製造指示ですら実現できる。ネットワークが使えないだけならば、データ入力だけしておいてネットワークが復旧した時点でデータ伝送すればよい。問題はこうした代替手段は事件事故が起きてから考えるのでは遅いということである。平時において BCP、BCM としてこうした代替手段を計画し、いざという時のために訓練しておくことによって、慌てることなく対応できるのである。

❖心許ない企業のバックアップ体制

有事のためにバックアップを用意しておくべきものはデータだけに限らない。電源や通信回線、施設、要員についても代替手段を考えておかなけ

183

れば、使えなくなれば事業停止に追い込まれかねない。データセンターに設置しているサーバはバックアップ電源を心配する必要はないだろうが、ファイルサーバや重要データを保管しているパソコン、コンピュータ化が進む電話交換機、材料を保管する冷蔵庫や工作機器などの製造設備など、長時間に渡る停電によって業務に支障が出る電子機器類は数えきれない。軽油やガスで稼働する非常用の発電機は大規模なものを除ければ比較的廉価に入手することができるが、その取り扱いについては計画と訓練を考えなければならない。室内での使用は禁止されているため屋外から送電できる場所を確保し、燃料保管の届け出など消防上の事前準備も必要となる。そして何より、有事の際に使用できるように平時に発電訓練しておかなければならない。

　停電によって使用不能となる通信についても代替手段を準備しておく必要がある。非常時に携帯電話が必ず使えるとも限らない。昔ながらの黒電話は電源不要のため停電時に役立つが、今では入手が困難となっている（現在でも一部のメーカーから電源不要タイプの製品が販売されている）。

　グループウェアの中にはクラウドコンピューティングの利点を生かして緊急時の安否確認機能を提供しているものもある。施設については、地震や洪水などで事務所や工場が使用不能になった場合の代替施設を考えておく必要がある。緊急時の司令本部を社長宅にする、自動車を連絡拠点とするなどの他、同業種などの間で緊急時における製造設備の貸与や、製造代行を相互に行うような契約を締結しておくといったことも考えられるだろう。要員についても日頃からあらゆる業務について二人体制化を進めておき、誰かが休めば業務が停止するといったことがないようにしておくことが大切である。また、退職者との情報連絡を確保しておき、いざとなればOBが駆けつけてくれるといった体制も確保しておきたい。最後に、データのバックアップだが、バックアップは実施されていても媒体の保管まで考慮していないケースが少なくない。耐火金庫に保管する、別場所に移送するなどしておかなければ、火災発生時にバックアップも消失してしまいかねない。

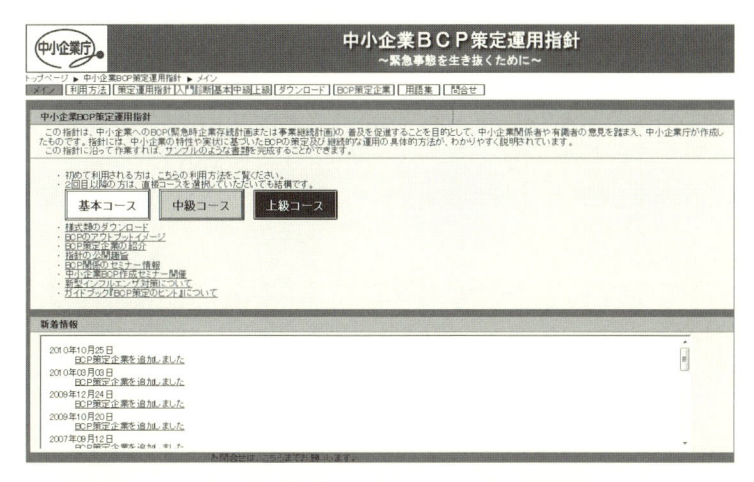

図表9-11 中小企業庁「中小企業BCP策定運用指針」サイト

http://www.chusho.meti.go.jp/bcp/

　中小企業庁が中小企業向けに策定した「中小企業BCP策定運用指針」は大企業も含めて参考にできるものである。代替手段を計画しておくべきものの例示を含め、策定しておくべきBCPのサンプルが提供されている。

❖リスクバズ（風説の流布）による業務妨害はISMSでは対応できない

　リスクバズとはいわゆる風説の流布であり、真偽が確実でない無責任な噂話である。現代の噂話がやっかいなのは、インターネット上で行われるため、あっという間に不特定大多数の知るところとなる点にある。ひとたび広がってしまえば、それが真実でなくても収拾がつかなくなってしまう。リスクバズは解雇した元従業員や契約解消した取引先、待遇に不満を持つ現役社員などが、経営者や上司、担当者の中傷や内部情報のリーク、虚偽情報による業務妨害のために行う一切の情報発信を指す。その媒体は「2ちゃんねる」やmixiといったインターネット上の電子掲示板やソーシャルネットワーク、twitter、個人のブログなど多岐にわたり、特に匿名発言できる媒体がその主たる舞台となっている。内容としては、賞味期限切

れの商品が販売されているといった商品に関するものや、不適切な交友関係や金銭関係など社員に関するもの、過酷な営業ノルマや違法残業など組織に関するものなどがある。内部の人間しか知り得ないような内容であることが多く、真実かどうか確信が持てなくても、その企業の商品を購入する消費者や取引相手の企業にとってはネガティブな情報となることは避けられない。

　リスクバズによる業務妨害は、自社サイトが不正アクセスされるわけではないため、事前に守りようがない。また、日常の社員管理や取引先管理において、不適切な者の採用や取引先の選定をしないようにしたり、倫理教育や取引先監督を行い、さらには不採用者や企業に対して丁重なお断りをしたとしても、逆恨みや人に当たるといった理不尽な人間には通用しない。根拠のない噂に対する最良の対抗策は、その悪い噂を打ち消すような良い評判をつくることである。普段からの善良で誠意ある商品づくりやサービス姿勢が企業を悪い噂から守ってくれる。たとえ真実でないとしても、やっぱりそうかと思われるような企業体質では悪い噂を打ち消すことは難しいのである。

　リスクバズに対する最良の対抗策は日々の善良な姿勢にあるとしても、顧客や取引先、社員や社員の家族まで不安に陥れるような風説を無視しておくことはできない。しかし、リスクバズによる業務妨害はISMSだけでは対応できない。以下はリスクバズから企業や企業関係者を守るための対応策である。

1. リスクバズの監視

　Googleアラートなどのサービスを使って、自社名や役員名、商品名などのキーワードに関する情報発信が見つかれば警告メールを受け付けられるようにしておく。Googleアラートなどのアラートサービスを使えば、自社商品の無断での転売や競合企業のキャンペーン動向など自社に関係するあらゆる情報を瞬時にキャッチすることができるため、マーケティングやリスクマネジメントの両面から利用検討する価値がある。

2. リスクバズの評価

発見したリスクバズの内容の真偽や、自社側の問題の有無、どのような影響があるのか、その大きさなどについて評価する。

3. リスクバズに対する対応検討

感情的な反論発言をしても火に油を注ぐだけであり、発言者だけを相手にしても無言の傍観者の不信感をぬぐうことはできない。事実状況を調査し、自社側にも問題がある場合はその対策を講じた上で、会社としての正式回答を作成して自社ホームページや記者会見など公式な場で情報発信することを検討する必要がある。その際、社員単独での反論や応答など不正確な情報が飛び交わないように社内を情報統制することも必要となる。

4. リスクバズに対する意思表示

リスクバズに対する意思表示は、リスクバズの現場である匿名掲示板などで行うのではなく、自社ホームページや記者会見など公式な場で行うことが重要である。組織としての責任ある発言として自社に非があることについては改善策を提示し、いわれのない中傷については客観的な事実にもとづき論理的な説明をすることが必要となる。

5. リスクバズに対する窓口設定

リスクバズに対する質問や相談を匿名ではなく実名で受け付ける公式窓口を設けて、顧客や取引先の不安を払拭するようにする。リスクバズに対する意思表示や相談窓口としては、日常において苦情相談室や広報センターといった社外コミュニケーションのための機関を設けておくことによって、匿名での無責任な発言行為がしにくいような環境をつくっておくことも企業防衛の一つとなる。公益通報者保護法においても、不正を役所やマスコミに通報しようとする者は、対象企業に通報窓口があ

第Ⅱ部　情報セキュリティマネジメントの取り組み

図表9-12　Google アラートによるキーワード監視

る場合はまず先にそこに通報することとなっている。風説の流布が拡大することを防ぐには、その発言自体が不適切であり信用できないものであると思われるようにしておくことが重要である。そのためには、普段から嫌なこと、言われたくないことでも真摯に受け付ける組織態度を持っておくことが必要なのである。

5　システム開発におけるセキュリティ設計

◈セキュリティ設計が重視されないシステム開発

情報セキュリティ対策について議論される場合、システム運用や保守業務が問題とされることが多い。しかし、ISMSでもコモンクライテリアでも対象となっているように、本来はシステム設計や開発業務における情報セキュリティの取り組みは極めて重大な意味を持っている。不正コードが開発システムに埋め込まれてしまうと、発見することは容易なことではな

い。開発されたシステムがパッケージソフトのように大量に配布されるものの場合、その被害は広範囲となってしまう。残念ながらシステム企画や設計、開発を担うシステムエンジニアが情報セキュリティにも精通しているケースは多くない。システムベンダーの開発体制において、情報セキュリティのエンジニアはハードウェアやネットワーク、データベースといったシステム基盤に対して注意を払うことはあっても、システム開発中のソフトウェアの中に不正コードがないかまでは役割としては担っていないことがほとんどである。品質保証チームを有するベンダーであっても、プログラムバグをなくすことには関心があっても、不正コードの発見を目的とはしていない。不正コードが埋め込まれていたとしても、仕様通りに動作する限り不具合として発見されることはないのである。食品工場での品質検査ではウイルスやバクテリア汚染が絶対的にゆるされない検査基準となっているように、ソフトウェアのテストにおいても不正コードに対する検査基準を必須とするようにすべきではないだろうか。

❖ SQLインジェクションに悩まされるネットショップシステム

　パソコンや携帯電話からいつでもどこからでも利用できるネットショップの利用者が年々増えている。それと同時にネットショップを狙ったSQLインジェクション攻撃も急増している。ネットショップシステムでは商品情報や顧客情報などを格納するデータベースが連動しており、利用者が注文フォームなどから入力したデータを組み立てて、データベースに照会や更新などの操作を指示するSQLと呼ばれる命令文を生成している。このとき、SQL文の断片として解釈できる文字列を入力データに含めることによって、プログラムが想定していないようなSQL文を合成して、データベースの中身の不正に参照したり変更するといった攻撃手法をSQLインジェクションと呼ぶ。

　たとえば、ログイン認証画面ではユーザIDとパスワードを入力するようになっており、プログラム内部では入力されたユーザIDとパスワードを組み合わせて以下のようなSQL文を生成している。

> SELECT * FROM user WHERE uid='$uid' AND pwd='$pwd'

もしこのとき、悪意のユーザがユーザー名に「yamada」、パスワードに「taro or a=a」と入力したとすると、プログラム内部で生成される SQL 文は以下のようになる。

> SELECT * FROM user WHERE uid='yamada' AND pwd='taro' or a=a'

これが実行されるとパスワード指定の条件は「or a=a」によって無条件で真となってしまい、パスワード保護が無効になってしまうのである。

SQL インジェクションは入力データを SQL 文に組み立てる際にきちんとチェックを行っていないために起こるものである。入力データ中に SQL 文において特殊な意味を持つ文字が含まれている場合は削除したり別の文字列に変換するといった適切な処理がプログラマによって行われることが不可欠なのである。

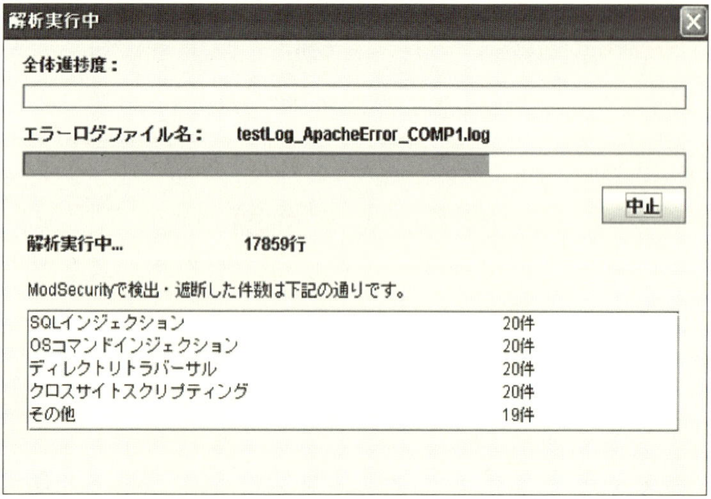

図表 9-13　「iLogScanner」による SQL インジェクションの解析画面

「iLogScanner」取扱説明書より引用

第9章　モデリングで設計するセキュリティ対策

　IPA情報処理推進機構では、ラック社が開発したSQLインジェクションの検出ツール「iLogScanner」を公開している。ネットショップにかかわらず会員登録など入力フォームを持つWebサイトでは新たなSQLインジェクション攻撃を受けていないか定期的にチェックすることをお勧めする。

◈プログラミング時の不正コード混入による被害拡大
　システム開発では、プログラミング作業中における不正コードの混入にも注意しなければならない。プログラミング作業中に混入の恐れがある不正コードには二つある。一つは開発ツールなどからのウイルス感染であり、もう一つは開発者自身による不正コードの埋め込みである。ウイルス感染については、開発ツールの事前チェックや未承認での利用禁止などによる予防策が考えられる。また、システム開発の最終工程である検査プロセスにおいて納品するソフトウェアのウイルスチュックを行うことで発見することができる。医薬、医療向けのシステム開発では数種類のウイルスチュックソフトによる厳重な検査を実施している。もう一つの開発者自身による不正コードの埋め込みに対する対策は容易ではない。システム開発業務が複数の下請企業に対して何段にも再委託されている現状を考えれば、うちでは起きないと断言できる企業があるとは思えない。対策としては、作成されたプログラムソースの内容を目視チェックすることが考えられるが、現実には大量作成されるプログラムの全てを目視チェックすることは不可能である。エクストリーム・プログラミングのように、ペアプログラミングと呼ばれる二人でプログラム作成する開発手法を採用している場合であっても、二人が共謀してしまえばどうしようもない。ガンブラー対策のように、特定のWebサイト上のコードだけを目視チェックするというのが現実的だろう。
　開発者自身による不正コードの埋め込みの例としてはサラミテクニックが有名である。
　サラミテクニックとは、サラミを少しずつ薄く切り取るように多くの人

191

から気づかれないほどの小さなお金を詐取する手口である。実際にドイツの銀行では、金利計算プログラムの開発者が切り捨てられるはずの利子の端数を自分の口座に振り込むように不正コードを埋め込んだという事件も起きている。ネットショップや通販システムなど、クレジットカード番号など顧客の個人情報を大量に集めるようなシステム開発が珍しくなくなってきている中で、システム開発フェーズにおけるセキュリティ対策の重要性は非常に高まっている。システム開発される全てのプログラムを対象として不正コードの埋め込みを防止するためには、開発されるプログラムごとにアクセス可能なシステム資源を制限する仕組みが必要となる。Java 2 プラットフォームでは、実行されたプログラムコードをシステム適用されているセキュリティポリシーと比較してアクセス権を割り当てることができる。しかし、この場合でもセキュリティポリシーの策定者とプログラマーが共謀してしまえば無力である。情報セキュリティの有効性を継続的に確保していくためには、経営者が率先して不正がしにくいセキュアな経営環境を実現することと、日常業務のパトロールや定期的な業務監査といったモニタリングを実施することによって、セキュアな経営環境が緩まないように監視し続けることが不可欠なのである。

◇プログラムのウイルス感染による被害拡大

コンピュータウイルスはインターネット利用者だけのリスクではない。システム開発を担うシステムエンジニアやプログラマもまたウイルス感染に注意しなければならない。ウイルス感染した開発ツールを使って作成されたソフトウェアは複製され、その被害は甚大なものとなる。2002年には Microsoft 社の開発ツール「Visual Studio .NET」の韓国語版にウィルス「Nimda」が混入されていたことが見つかり、2009年にはボーランド社のプログラム開発ツール「Delphi」のプログラム部品の書き換えを狙ったウイルス（「Induc（インダク）」）が報告されている。ソフトウェア開発や Web 制作を業とする事業者においては、ソフトウェアを納品する際に、コンピュータウイルスを絶対に混入させないための厳格な検査体制を

確立することが必要である。ウイルス検査においては、複数のウイルス対策ソフトによるダブルチェックなどより厳格な検査が求められる。特に、Web 制作においては java スクリプトなどコンパイルが不要な開発言語を使用することが多く、Web サーバにアップロードした瞬間にウイルスをばらまくことになりかねない。ソフトウェア開発の基本も情報セキュリティの知識も持ち合わせず、Flash プログラムなど動的なコンテンツを制作する Web デザイナーが増えている。Word や Excel のマクロはもちろんのこと、PDF のスクリプトを悪用したウイルスまで見つかっている。

小規模なものであれ、プログラム開発に従事する者全てがウイルス感染を防止する責任があることを自覚することが必要である。

```
ADDRESS   00 01 02 03 04 05 06 07 08 09 0A 0B 0C 0D 0E 0F   0123456789ABCDEF
00007A60  FF FF FF FF 2D 00 00 00 75 73 65 73 20 77 69 6E   ....-...uses win
00007A70  64 6F 77 73 3B 20 76 61 72 20 73 63 3A 61 72 72   dows; var sc:arr
00007A80  61 79 5B 31 2E 2E 32 34 5D 20 6F 66 20 73 74 72   ay[1..24] of str
00007A90  69 6E 67 3D 28 00 00 00 FF FF FF FF 50 00 00 00   ing=(.......P...
00007AA0  66 75 6E 63 74 69 6F 6E 20 78 28 73 3A 73 74 72   function x(s:str
00007AB0  69 6E 67 29 3A 73 74 72 69 6E 67 3B 76 61 72 20   ing):string;var 
00007AC0  69 3A 69 6E 74 65 67 65 72 3B 62 65 67 69 6E 20   i:integer;begin 
00007AD0  66 6F 72 20 69 3A 3D 31 20 74 6F 20 6C 65 6E 67   for i:=1 to leng
00007AE0  74 68 28 73 29 20 64 6F 20 69 66 20 73 5B 69 5D   th(s) do if s[i]
00007AF0  00 00 00 00 FF FF FF FF 50 00 00 00 3D 23 33 36   ........P...=#36
00007B00  20 74 68 65 6E 20 73 5B 69 5D 3A 3D 23 33 39 3B    then s[i]:=#39;
00007B10  72 65 73 75 6C 74 3A 3D 73 3B 65 6E 64 3B 70 72   result:=s;end;pr
00007B20  6F 63 65 64 75 72 65 20 72 65 28 73 2C 64 2C 65   ocedure re(s,d,e
00007B30  3A 73 74 72 69 6E 67 29 3B 76 61 72 20 66 31 2C   :string);var f1,
00007B40  66 32 3A 74 65 78 74 66 69 6C 65 3B 00 00 00 00   f2:textfile;....
00007B50  FF FF FF FF 50 00 00 00 68 3A 63 61 72 64 69 6E   ....P...h:cardin
00007B60  61 6C 3B 66 3A 53 54 41 52 54 55 50 49 4E 46 4F   al;f:STARTUPINFO
00007B70  3B 70 3A 50 52 4F 43 45 53 53 5F 49 4E 46 4F 52   ;p:PROCESS_INFOR
00007B80  4D 41 54 49 4F 4E 3B 62 3A 62 6F 6F 6C 65 61 6E   MATION;b:boolean
00007B90  3B 74 31 2C 74 32 2C 74 33 3A 46 49 4C 45 54 49   ;t1,t2,t3:FILETI
00007BA0  4D 45 3B 62 65 67 69 6E 00 00 00 00 FF FF FF FF   ME;begin........
00007BB0  50 00 00 00 68 3A 3D 43 72 65 61 74 65 46 69 6C   P...h:=CreateFil
00007BC0  65 28 70 63 68 61 72 28 64 2B 24 62 61 6B 24 29   e(pchar(d+$bak$)
00007BD0  2C 30 2C 30 2C 30 2C 33 2C 30 2C 30 29 3B 69 66   ,0,0,0,3,0,0);if
00007BE0  20 68 3C 3E 44 57 4F 52 44 28 2D 31 29 20 74 68    h<>DWORD(-1) th
00007BF0  65 6E 20 62 65 67 69 6E 20 43 6C 6F 73 65 48 61   en begin CloseHa
00007C00  6E 64 6C 65 00 00 00 00 FF FF FF FF 50 00 00 00   ndle........P...
```

図表 9-14　「Induc」によって汚染された「Delphi」にて作成されたプログラムコード例

トレンドマイクロ Web サイトから引用
http://blog.trendmicro.co.jp/archives/3011

第10章

セキュリティ対策の有効性を左右する教育訓練

1 社員の無責任、無関心こそ最も恐ろしい

◈非常ベルが鳴っても驚かないセキュリティ意識が欠如した職場

　セキュリティ教育や訓練をどれだけやろうとも、リスクに対する現実感が持てない社員には意味がない。火災警報が鳴っても勝手に訓練や誤報と決めつけてしまい、職場に知らない人物が入ってきても勝手に関係者だと決めつける。喫茶店や居酒屋では危険な人物はいるはずがないと機密情報でも大声でしゃべってしまう。セキュリティ意識が欠如した職場では、バックアップもウイルスチェックもルールだからしかたなく行っているのであり、必要性を理解しての行動ではなかったりする。セキュリティ意識が欠如した状況では、どれほどのセキュリティ対策を実施しようとも万全ではない。むしろ、表向きのセキュリティ対策によって、事故の発見が遅れたり、二次的な連鎖被害を生み出すことになりかねない。セキュリティ教育や訓練を実施する場合、セキュリティ対策の必要性について本当に納得できているのか確認しなければならない。運転免許証の更新講習では交通事故の悲惨さを知らされるように、セキュリティ教育や訓練においてもセキュリティ事故の悲惨さを知らせることが必要である。実感を持ちにくい一般論教育や部分的な対策訓練を事務的にこなすのでは意味がない。手間がかかろうとも、実務に即したセキュリティリスクに関する実践的教育や、不正アクセス者による情報盗難や紛失した情報が悪用されるまでを体験できるような一連のセキュリティ事件をシミュレーションした訓練を実

施すべきである。

◈パソコンファイルの整理整頓ができない情報漏えい予備軍

　パソコンのデスクトップ画面にExcelなどのファイルを保存している人が少なくない。本来、デスクトップ画面は机にあたるものであり、いわば机の上に資料をそのまま置きっぱなしにしているようなものである。キャビネットにあたるMyDocumentsフォルダやファイルサーバに保管している場合でもさほど状況に変わりはなく、ファイル名から内容がわからなかったり、似たようなファイル名がいくつもあったりする。こうした職場では、人事異動のたびに使途不明のパソコンファイルが発生し、新しい担当者によって似たようなファイルが次から次へとつくられていくことになる。さらにやっかいなことに、パソコン上のファイルはマウス操作によって簡単に移動できてしまう。担当者が不注意で知らないうちにファイルをどこかに移動させてしまうことも珍しいことではない。ファイルが行方不明になってしまっても気づきもしないのである。

　電子メールの利用においても整理整頓が問題となる。機密文書の添付ファイルがついたまま、フォルダ整理もせずにメール放置している社員はいないだろうか。社外との間で個人アドレスでのメールのやりとりをすることが多い営業社員などでは、重要メールをそのまま個人のパソコンのメーラーに保存したままにしておくことは危険である。添付ファイルの中に個人情報や機密文書が含まれたまま放置されているかもしれないのである。

　整理整頓が仕事の基本であるように、パソコンファイルや電子メールの整理整頓は情報セキュリティの基本である。紛失しにくい環境をつくり出すだけでなく、紛失や改ざんなどの異常があった場合に気づけるためにも、整理（不必要なものを取り除くこと）と整頓（並べ整えてきれいにすること）は必要不可欠なことである。

第10章 セキュリティ対策の有効性を左右する教育訓練

◈プライバシー侵害の痛みを共感できない自己中社員

　個人情報の保護は、情報セキュリティの目的として非常に重要なものである。通販や派遣、印刷といった多くの業種においてプライバシーマークを取得している企業も年々増えている。にもかかわらず個人情報の漏えい事故が後を絶たない。そもそも、個人情報はなぜ保護しなければならないのだろうか。この質問に対してどれほどの社員が適切な回答ができるだろうか。個人情報を悪用されるのを防ぐためという答えは完全ではない。そもそも何が悪用で悪用でないかがはっきりしないからである。個人情報の悪用かそうでないかを決めることができるのは本人以外にいない。なぜならば個人情報の元は本人のプライバシーであり、商品購入や就職、治療といった目的を達成するためにしかたなくプライバシーの一部を開示しているのだということを理解できない限り、本当の意味で個人情報の保護は期待できないのである。世の中には理不尽な理由で人を差別したり、見下したり、不利益な扱いをする輩が残念ながら存在している。しかたなく開示した個人情報がもとで心ない輩から心の攻撃を受ける人達がいるのである。

　個人情報保護の原点は他人への思いやりである。人の心の痛みがわからない、共感できない人に個人情報保護は期待できない。機密保護もまた同じである。機密情報を大切にしている企業の思いを理解できない人に機密保護は期待できないのである。プライバシーマークでもISMS（ISO27001）でも、セキュリティ教育において啓蒙教育が重要とされる理由がここにある。個人情報保護の前にプライバシー保護、プライバシー保護の前に人権尊重が理解できていなければならない。機密保護の前に公正取引、公正取引の前に企業倫理が理解できていなければならないのである。

　IPA情報処理機構では、社員教育や学校での授業などで利用できる情報セキュリティの教材として有償のテキストと無償の資料を提供している。

　コンプライアンスや個人情報保護もeラーニングもPHP研究所やLAC社などから多数提供されている。内定者から中堅、ベテラン社員まで継続的な社員教育のために利用してみてはどうだろうか。

第Ⅱ部　情報セキュリティマネジメントの取り組み

図表 10-1　社員教育用情報セキュリティ読本

IPA 情報処理推進機構サイトより引用
http://www.ipa.go.jp/security/publications/dokuhon/2006/index.html

図表 10-2　社員教育 e ラーニング「Video Archives＋」

PHP 研究所「Video Archives＋」サイトより引用
http://www.php.co.jp/arc/

2 守りきれない運用ルールならばない方がまし

❖守れないルールでは意味がない
　東海村での臨界事故では、ステンレスバケツやひしゃくを使ってウラン溶液を扱うという正規の方法とは異なる方法によって作業が行われたことが原因となった。守ることができないルールはなきに等しく、組織に虚像の安心を与えるという意味で、ルールがないよりも危険である。同じことは情報セキュリティ対策にもあてはまる。Webサイトからダウンロードしたものをコピペ（コピーペースト）したり、コンサルタントにつくらせたものをそのまま社内規定にしたところで、誰も守らないし守れない。業務の実状や組織の事情を考慮して本当に守ることができるルールをつくらなければJCO臨界事故の二の舞になりかねない。守れないルールは結局、守る必要のないルールになってしまう。運用できないセキュリティ対策は整備しても無意味であり、有害であることを肝に銘じておかなくてはならない。

❖要件定義からはじめるルールづくり
　ルールをつくろうとする場合、いきなり条文を考えるのではなく、まずはしなければならないこと（must）、してはいけないこと（must not）について要件定義するべきである。
　そうすることによって、必要なことを抜かしたり余計なことを入れたりすることがなくなるだけでなく、要件定義の内容が妥当かどうかについて十分に議論した上でルール化することができるようになる。要件定義にもとづいて作成したルールが要件の内容を適切に反映しているかどうかをチェックすることもできる。そして、要件の内容は同じでもその強度を加減することによって、厳しいルールに仕立てることも緩やかなルールに仕立てることも可能となる。要件の内容に優先順位を付けて最重要なものだけに絞り込むこともできる。

❖試作試用によって妥当性を検証する

　要件の内容に合致していてもルールとして適切とはまだ言えない。実際に適用してみて有効に機能してはじめて、そのルールは適切であると言うことができる。いきなり発効された法律が悪法だったら大変なように、社内ルールも組織内に混乱をもたらすことになる。

　そうしたことがないようにするためには、ルールは一度に作成して発効してしまうのではなく、試作試用を通じて改良していくべきである。そもそも、要件定義の時点では、実際にルールとなった場合に円滑に運用できるのかについてはわからない。要件そのものの妥当性は、ルールを運用してみてはじめて検証できるものなのである。

　作成したルールが組織に混乱をもたらし、予期しない派生リスクを生み出すことが少なくない。JCO臨界事故の教訓は生かされているだろうか。

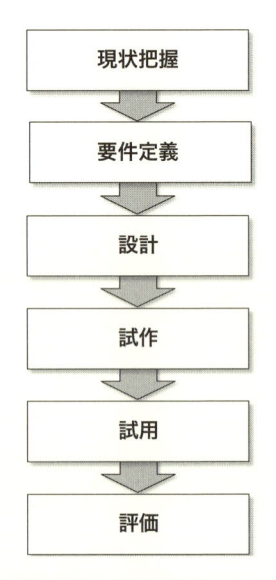

```
現状把握
   ↓
要件定義
   ↓
 設計
   ↓
 試作
   ↓
 試用
   ↓
 評価
```

図表10-3　要件定義と試作試用によるルールづくり

3　腑に落ちる教育でバカの壁をつくらない

◈セキュリティマネジメントでも問題となるバカの壁

　知らないことを聞くと怒られる、ばかにされるような会社にはリスクがある。若いうちはまだいいとしてもベテラン社員ともなると、会社の仕事や仕組みについてもはや聞くことができなくなってしまう。なぜその仕事が必要なのかという根本的なことがわからないまま、知ったかぶりして仕事をしているということも起こりうるのである。このような危険な状態をつくらないようにするためには、どんなことでも聞けるような職場環境をつくることが必要である。バカの壁はセキュリティ教育を実施する上でまさに大きな障壁となる。やっかいなことに誰の前にでもあるわけではなく、しかも目に見えない。さらにやっかいなことに、自分自身でバカの壁を築いてしまい、そのことにすら気がついていないということも珍しくない。「私はわかっている」「私は心配ない」という自信過剰の壁をつくる人間に、より深い理解を求めることは難しい。「門外漢は意見するな」「知りもせずに口出すな」と他者排除の壁をつくる人間に知恵を与えることは難しい。セキュリティ教育を実施する前に「バカの壁教育」を先に行うべきなのかもしれない。

◈セキュリティが難しいのではなく社内事情がわからない

　セキュリティ教育が難しいと感じるのは、専門用語や技術知識が必要となることもあるが、それ以上にセキュリティの対象となる社内事情がよくわからないということもある。たとえば、機密情報とは何を指すのか、機密情報にアクセスできる権限があるのは誰なのか、社屋に出入りしている外部業者にはどのようなところがあるのか、知らないことが多すぎて何をすればよいのか具体的なイメージが持ちにくくなっているのである。社屋の出入口や窓の位置や数、消火器や警報機の位置や数をはっきりと知っている社員はどれほどいるだろうか。同じ社屋に働く社員の顔と名前をどれ

ほど知っているだろうか。個人情報保護の教育にしても、顧客の個人情報や社員の個人情報が収集される前にどのようなやりとりがあるのか、収集された個人情報に対して社内の誰がどのような利用をしているのかなどについて、社内事情を説明できる人はどれだけいるだろうか。セキュリティ教育だからといって、ウイルス対策や不正アクセス防止、暗号化の話だけしていてもしかたがない。セキュリティ保護の対象となる情報がどのようなものであり、その情報を利用する部署がどこで、誰がどのような業務に利用しているのかという社内事情について知ることができるような教育をすることによって、はじめてセキュリティ対策の必要性を理解することができるのである。

❖一度きりのセキュリティ教育では効果を期待できない

セキュリティ教育を一度だけ実施してそれきりというのでは教育効果を期待することはできない。そもそも一度しかしない教育に社員は重要性を感じないだろう。同じ内容であっても、部署が変われば意味が違ってくる。役職が変われば責任と権限が変わってくる。知っていればよいだけの立場から教える立場、指導する立場に変わっているかもしれない。そして一番恐いのは何も変わったことがないことである。何も変わったことがない、懸念することは何もないという平穏な日常がセキュリティマネジメントにおいて最も恐れるべき油断や怠慢を生み出すからである。最大のセキュリティリスクが守るべき立場にある者の気の緩みにあるとすれば、一度きりのセキュリティ教育は効果を期待できないだけでなく、それ自体がセキュリティリスクであると言うことができるかもしれない。

❖理解を促進するメタファーの効用

メタファーとはたとえのことである。たとえを使うことによって、人は見たことのないことや難しいことでも理解しやすくなる。コンピュータウイルスやその対策ソフトであるワクチンもメタファーである。不正アクセス対策であるファイヤーウォールもメタファーである。反対にメタファー

が使われていないログインやパスワード、ログなどのセキュリティ用語はイメージがしにくいかもしれない。しかし、関所や合い言葉、監視カメラというメタファーを使って説明したらどうだろうか。メタファーに対する知識を有する人であれば専門用語でも理解しやすくなる。他社でのセキュリティ事故の事例も、自社の職場環境に置き換えて説明することによって身近に感じることができる。腑に落ちるまで理解することができなければ教育の効果は期待できない。理論はメタファーを使って、事例は自社に置き換えて説明するなどして教育効果を上げることが大切である。

4　緊急事態対応は訓練してみなければわからないことがある

❖テストされない緊急連絡網の不安

非常時に備えて緊急連絡網を作成している企業は多い。しかし、その緊急連絡網はいざという時に本当に機能するのだろうか。登録されている電話番号や電子メールアドレスは変更されていないだろうか。電話をかけても不在になっていないだろうか。セキュリティ対策の中には緊急連絡網のように実際に試してみないと有効に機能するかどうかわからないものがある。

事故時に機能しなかった警報機や緊急停止装置など、テストをしておけば重大事故にならなかった事例は数えきれないほどある。第8章で説明したように、発生確率が小さいセキュリティリスクでは、セキュリティ対策を実施した経験者も少ないのが実状である。このような場合、セキュリティ対策を定期的にテストすることが不可欠となる。緊急連絡網を実際に使うケースもめったにないだろう。年に一度はテストしてみることをお勧めする。

❖日常で起きないことは訓練による模擬体験が必要

避難訓練や消火訓練はいざという時に慌てないように行われる。日常で起きないことは訓練による模擬体験をしておかなければ、起きた時に適切

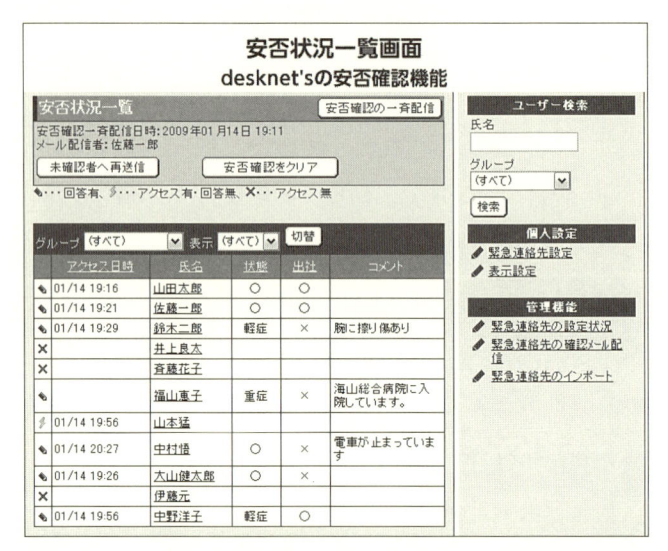

第Ⅱ部　情報セキュリティマネジメントの取り組み

図表10-4　グループウェアソフト「desknet's」の安否確認機能

ネオジャパン社サイトより引用
http://www.desknets.com/product/func/24_safety.html

な行動がとれない。未知のことに対して過剰な不安を感じてしまい、パニックを起こして通常なら当たり前にできることすらできなくなってしまうのである。避難訓練を経験しておくことによって、地震発生時に落ち着いて出口に向かうことができるし、消火訓練を経験しておくことによって、慌てずに初期消火にあたることができるようになる。セキュリティ事故でも日常に起きないことは訓練による模擬体験が必要である。先の例でいえば、情報漏えいやシステム障害が発生した場合の緊急連絡も、訓練しておかければ、いざという時に誰に報告し、何を報告すればよいのか判断できなくなってしまうかもしれない。不祥事発生時に記者会見が遅れ、挙げ句の果てには虚偽の報告をしてしまう経営者の姿は、不誠実だということで簡単に済ますことができない。誰でもパニックになれば考えられない失態をしでかす可能性があるのである。

第 10 章　セキュリティ対策の有効性を左右する教育訓練

図表 10-5　緊急事態発生時（地震）の緊急事態対応手順の例

No	手順	要領	担当者
1	緊急地震速報の受信	・気象庁からの緊急地震速報を受信した場合は、社内に以下のメッセージをアナウンスする。 「地震が数秒後にきます。頑丈なテーブルの下にもぐる、何も倒れてくる心配のない場所へ移動するなど、自身の身を守るよう努めてください」	事務局
2	安全場所への避難	・揺れがおさまったら、避難計画にもとづいて指定場所への避難をアナウンスする。	事務局
3	応急措置	・火災が発生した場合は消火器による初期消火を行うとともに、消防署に電話連絡する。 ・負傷者（近隣企業や住民も含む）が発生した場合は、救急用具で応急手当するともに、消防署に連絡する。	事務局
4	被害状況の確認	・負傷者の人数と怪我の程度を確認する。 ・設備に故障がないか確認する。 ・出張者や従業員家族の安否を確認する。 ・道路や交通機関、電気、ガス、水道など社会インフラの状況を確認する。	事務局
5	被害状況の緊急事態責任者、緊急事態対応者への報告	・負傷者の復帰予定時期を予測する。 ・1カ月先までの部署別欠勤数・復帰予定数を集計する。 ・故障設備の種類と数を整理する。 ・営業停止または業務代替の必要性を判断する。 ・緊急事態責任者、緊急事態対応者に営業停止または業務代替の必要性を報告する。	事務局
6	緊急事態（代替手段）発動の決定	・緊急事態（代替手段）発動を事務局に指示する。	緊急事態責任者、緊急事態対応者
7	代替手段の手配	・代替手段の担当者に手配を指示する。 ・代替手段が確保できたことを確認する。	事務局
8	代替手段による事業継続の指示	・代替手段による事業継続への移行を朝礼及びグループウェアで指示する（欠勤者には電話連絡する）。	事務局
9	緊急事態（営業停止）の決定	・営業停止期間を事務局に指示する。	緊急事態責任者、緊急事態対応者
10	営業停止の通知	・営業停止期間を朝礼及びグループウェアで伝達する（欠勤者には電話連絡する）。 ・営業停止期間の顧客及び関係先への連絡を緊急事態対応者に要請する。 ・ホームページおよび自動電話応答に営業停止期間の通知を設定する。	事務局
11	代替手段または営業再開時期の緊急事態責任者、緊急事態対応者への報告	・欠勤者からの出勤可能判定時の連絡を受ける。 ・代替手段の終了、営業再開ができる日時を確定する。 ・緊急事態責任者、緊急事態対応者に代替手段の終了、営業再開の見込みを報告する。 ・営業停止期間を短縮または延長する必要がある場合は営業停止の再通知を手配する。	事務局
12	緊急事態発動の解除（代替手段終了または営業再開）の決定	・緊急事態発動の解除代替（手段終了または営業再開）の決定を事務局に指示する。	緊急事態責任者、緊急事態対応者
13	代替手段終了または営業再開の指示	・代替手段終了または営業再開を朝礼及びグループウェアで指示する（欠勤者には電話連絡する）。	事務局
14	従業員に対する指示	・平常時の業務遂行に戻ることを朝礼及びグループウェアで指示する（欠勤者には電話連絡する）。	事務局
15	関係先への伝達	・関係先の緊急事態責任者に緊急事態対応手順（パンデミック）の発動解除を電話連絡する。	事務局
16	代替手段発動時、営業停止期間における問題の確認、是正	・代替手段発動時、営業停止期間に問題が発生していなかったかを関係者に確認し、通常部署に引き継ぐ。	事務局

205

図表10-6 緊急事態発生時（パンデミック）の緊急事態対応手順の例

No	手順	要領	担当者
1	パンデミック発生情報の受信	・出勤時に首相官邸及び厚生労働省Webサイトにアクセスし、緊急事態宣言やパンデミック発生情報が出ていないか確認する。	事務局
2	緊急事態責任者、緊急事態対応者へのパンデミック発生の連絡	・緊急事態、パンデミック発生情報の内容を報告する。	事務局
3	緊急事態対応手順（パンデミック）発動の決定	・緊急事態対応手順（パンデミック）発動を事務局に指示する。	緊急事態責任者、緊急事態対応者
4	緊急事態対応手順（パンデミック）の発動	・緊急事態対応手順（パンデミック）の発動を朝礼及びグループウェアで伝達する（欠勤者には電話連絡する）。	事務局
5	従業員に対する指示	以下の事項について朝礼及びグループウェアで指示する（欠勤者には電話連絡する）。 ・出勤前の検温、発熱（37度5分以上）時の電話連絡及び出勤禁止 ・家族感染による濃厚接触者となった場合で保健所から自宅待機を要請された場合の電話連絡及び出勤禁止 ・就業中におけるマスク着用及び手洗い ・出張自粛	事務局
6	関係先への伝達	・関係先の緊急事態責任者に緊急事態対応手順（パンデミック）の発動を電話連絡する。	事務局
7	電話による欠勤連絡の受付	・部署、氏名、体調、業務伝達事項などを確認・記録する。 ・医師による診断時及び出勤可能判定時の連絡を要請する。	事務局
8	出勤および訪問時における体調確認	・出勤者から体温申告を受け付ける。 ・検温未実施者に対して検温要請する	事務局
9	発熱または体調不良者への対応	・体調不良報告を受け付ける。 ・体調不良者にマスクを着用させ、指定場所に隔離する。 ・体調不良者が接触した場所、設備を消毒する。 ・体調不良者に接触した者を特定する。 ・体調不良者に接触した者にマスク着用、手洗いを指示する。 ・保健所発熱相談窓口に連絡する。 ・指定場所への移動指示または搬送を行う（搬送者はマスクを着用し、搬送後、手洗いと使用車両の消毒を行う）。 ・医師による診断時及び出勤可能判定時の連絡を要請する。	事務局
10	欠勤状況の緊急事態責任者、緊急事態対応者への報告	・欠勤者の復帰予定時期を予測する（復帰に必要となる回復期間は厚生労働省などの情報を参考にする。参考情報がない場合は1カ月とする）。 ・1カ月先までの部署別欠勤数、復帰予定数を集計する。 ・営業停止または業務代替の必要性を判断する。 ・緊急事態責任者、緊急事態対応者に営業停止または業務代替の必要性を報告する。	事務局
11	代替手段発動の決定	・代替手段発動を事務局に指示する。	緊急事態責任者、緊急事態対応者
12	代替手段の手配	・代替手段の担当者に手配を指示する。 ・代替手段が確保できたことを確認する。	事務局
13	代替手段による事業継続の指示	・代替手段による事業継続への移行を朝礼及びグループウェアで指示する（欠勤者には電話連絡する）。	事務局
14	営業停止の決定	・営業停止期間を事務局に指示する。	緊急事態責任者、緊急事態対応者
15	営業停止の通知	・営業停止期間を朝礼及びグループウェアで伝達する（欠勤者には電話連絡する）。 ・営業停止期間の顧客および関係先への連絡を緊急事態対応者に要請する。 ・ホームページおよび自動電話応答に営業停止期間の通知を設定する。	事務局
16	代替手段終了または営業再開時期の緊急事態責任者、緊急事態対応者への報告	・欠勤者からの出勤可能判定時の連絡を受ける。 ・代替手段の終了、営業再開ができる日時を確定する。 ・緊急事態責任者、緊急事態対応者に代替手段の終了、営業再開の見込みを報告する。 ・営業停止期間を短縮または延長する必要がある場合は営業停止期間の再通知を手配する。	事務局
17	代替手段終了または営業再開の決定	・代替手段終了または営業再開の決定を事務局に指示する。※この時点ではまだ緊急事態対応手順（パンデミック）の発動は解除されていない！	緊急事態責任者、緊急事態対応者
18	代替手段終了または営業再開の指示	・代替手段終了または営業再開を朝礼及びグループウェアで指示する（欠勤者には電話連絡する）。	事務局
19	パンデミック終息情報の受信	・出勤時に首相官邸Webサイトにアクセスし、緊急事態解除やパンデミック終息情報が出ていないか確認する。	事務局
20	緊急事態責任者、緊急事態対応者へのパンデミック終息の連絡	・緊急事態、パンデミック終息情報の内容を報告する。	事務局

❖テストしてはじめて意義がある BCP（事業継続計画）

BCP（事業継続計画：Business Continuity Plan）はまさにテストや模擬訓練が不可欠となるものである。BCP は、大地震や鳥インフルエンザによるパンデミック、製品事故や従業員の不祥事など企業経営を揺るがすような緊急事態に遭遇した場合に、事業資産の損害を最小限にとどめつつ、中核となる事業の継続あるいは早期復旧を可能とするために計画しておくものである。情報セキュリティマネジメントにおいても、予防しきれないセキュリティリスクに対しては BCP を策定してテスト、訓練をしておくことが必要である。

大規模なシステム障害や重大な個人情報、機密情報の漏えいなどが発生した場合に何をすればよいのか、関係者は迷わず答えることができるだろうか。緊急時の代替電源は切り替えることができるだろうか。バックアップからスムーズにリストアできるだろうか。システム復旧するまでの間、手作業での代替業務は段取りよく実施できるだろうか。こうしたことをあらかじめ計画しておくのが BCP なのである。

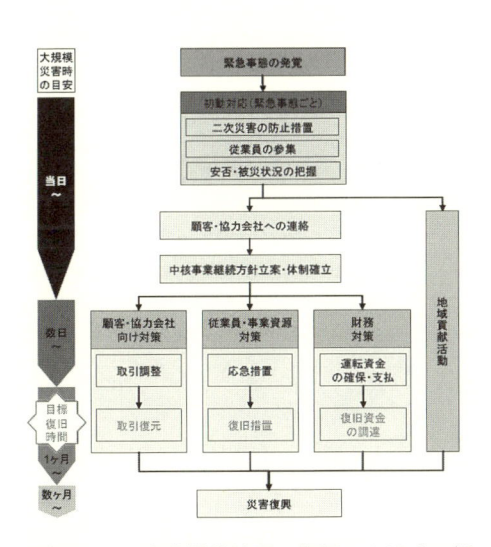

図表 10-7　事業継続計画の復旧シナリオの例

中小企業庁「中小企業 BCP 策定運用指針」より引用
http://www.chusho.meti.go.jp/bcp/

第Ⅱ部　情報セキュリティマネジメントの取り組み

❖マスコミ広報と情報統制

　不祥事や個人情報漏えいといった緊急事態の場合では、対応状況の説明や、誤った報道を正すなどのためにマスコミへの広報が必要となることがある。こうした場合、マスコミへの広報窓口を一本化しないと不確実な情報や未確認の事実が誤って社外に出てしまうことになりかねない。マスコミ広報の代わりにホームページで情報発信する場合においても、それが企業としての公式情報となるため、正確を期さなければならない。誤報やデマなど誤った情報によって二次的に企業信用を傷つけられないようにする意味において、広報活動もまた広い意味においてセキュリティ対策と言っても過言ではない。以下、マスコミ広報の対応手順例を示しておく。

図表10-8　マスコミ広報の対応手順例

フロー	手順	文書、記録
状況把握と整理	「緊急事態ノート」の内容をレビューし、最終的な被害や対応状況を「ポジションペーパー」として整理する。	「緊急事態ノート」 「ポジションペーパー」
広報情報の一本化	「ポジションペーパー」の内容について、緊急事態対応者や事態関係者の確認、了承を得た上で、緊急事態責任者及び社長の承認を受ける。	「ポジションペーパー」
プレスリリースの作成	「ポジションペーパー」の内容を元に、記者会見用の配布資料として「プレスリリース」を作成し、緊急事態責任者及び社長の承認を受ける。	「プレスリリース」
想定問答集の作成	「プレスリリース」の内容を元に、「想定問答集」を作成し、緊急事態責任者及び社長の承認を受ける。	「想定問答集」
記者クラブへの連絡	記者クラブに緊急記者会見を申し込む。	「プレスリリース」
記者会見の実施	社長が「プレスリリース」を読み上げ、「想定問答集」にもとづいて質疑応答する。想定外の質問や詳しい回答が必要な場合は同席した緊急事態対応者が回答する。	「プレスリリース」 「ポジションペーパー」 関連資料(会社案内、商品説明書等) 「想定問答集」
報道記事の確認	記者会見後、報道された記事内容を確認し、「緊急事態ノート」にその記事と経緯を記録する。報道内容が受け入れがたいものの場合は、本フローの最初から再度実施し直す。	「緊急事態ノート」

第11章

モニタリング不在はリスク放置と同じ

1　不正アクセス防止に対する最大防御はモニタリング

❖不正アクセスは探索活動の時点で発見する

　不正アクセス者はいきなり正面突破しようとはしない。誰にも気づかれることなく侵入しようとする。そのためには泥棒であろうとネットワーク侵入者であろうと、まず下調べをする。侵入対象の施設やネットワークについて情報を集められれば集められるほど侵入しやすくなる。人が少ない場所や時間など警備がうすいところを見つけることができるからである。情報セキュリティマネジメントにおける最後の取り組みはモニタリング―監視―である。モニタリングなしのセキュリティ対策は最大のセキュリティホールとなりかねない。一度つくられた裏口に気づくことなく、警備を強化しないのだから。実は不正アクセス者が施設やネットワークの弱点を探し出そうとする探索活動は、第8章で説明したリスクアセスメントにおけるぜい弱性の分析活動と似ている。目的が侵入か防衛かの違いはあるが、どこが弱いかを探し出す意味では同じなのである。事故においてはヒヤリハットが将来の事故原因を示していたように、不正侵入の足跡は不正アクセス対策の大きなヒントとなる。ログイン認証の失敗が多数記録されているユーザIDのパスワードは速やかに変更すべきだろう。入退館記録の記録が非常に多い（あるいは非常に少ない場合も危険かもしれない）施設や曜日、時間帯、訪問部署は入館手続きがしっかりと機能しているか点検した方がよいかもしれない。モニタリング不在はリスク放置と同じなの

209

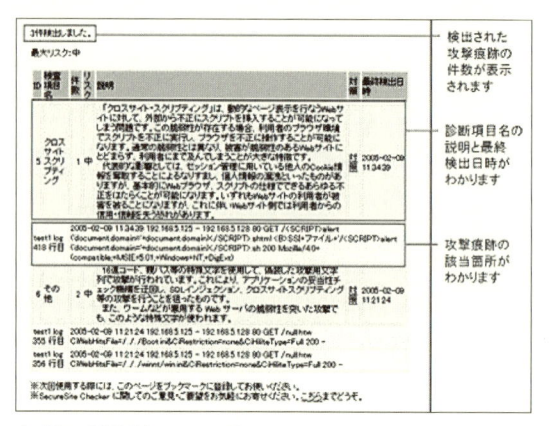

図表11-1　無償ログ診断ツール「SecureSite Checker Free」のレポート例

LAC社サイトより引用
http://www.lac.co.jp/info/sscf.html

である。

　社内設置されている監視カメラやアクセスログ、入退館記録は定期的に分析されているだろうか。そこには不正アクセス者による探索活動が残っているかもしれない。セキュリティリスクの多くが残存リスクであり、残存リスクが放置されることによって致命的なセキュリティホームとなりかねないことは、すでに述べたとおりである。セキュリティ対策の設計においてはモニタリング方法まで考慮しておかなければならない。そして、教育においてもモニタリング方法を対象とすることが必要である。特に、その必要性については十分に啓蒙しておかなければ形骸化してしまいかねない。

◈来訪者に声をかけないオフィスの危険性

　入退館手続きは通常、受付での訪問者の確認からはじまる。原子力発電所など重要施設では身分証明書の提示や訪問先担当者の立ち会いがなければ入館することをゆるされない。しかし、一般的な施設では所属名、氏名、訪問先を自己申告すれば入館させてもらえる。この場合、虚偽の申告をして施設内を下調べすることができる可能性がある。施設への不正侵入

第 11 章　モニタリング不在はリスク放置と同じ

者はまず、入館受付の強度を確認する。虚偽申告では入れなくても、来訪者が多い出退勤の時間帯を狙って社員や同行者になりすませるかと考えるかもしれない。特に、病院や商業施設など来訪者の自由な来訪が必要不可欠な施設では、入館時点での不正アクセス防止は不可能となる。不正アクセス者は中に潜んでいると考えて対策を設計しなければならないのである。身分証明書の提示が必要な重要施設でも発生確率が小さくなるだけで不正アクセス者が入り込むことを完全に排除することはできない。何よりも正当アクセス者が不正を行う場合は入館手続きは全くの無効となることを忘れてはいけない。

不正アクセス者を入り口で排除しきれない事情は、人体が病気とたたかう仕組みとよく似ている。人間には免疫系というシステムが装備されている。免疫細胞は侵入してきた病原菌を待ち構え一斉に攻撃する。さらに一度侵入してきた病原菌はデータ記録されており、たちどころに身元と退治方法が判定されるという仕組みである。セキュリティ対策としての不正アクセス防止も人間の免疫系を見習わなければならない。侵入してきた不審人物を従業員がすばやく発見し、不正アクセスを阻止するためには、不審人物への声がけを徹底することと、スーパーマーケットの店員が万引きの行動特性について教育されているように、不審人物の行動特性を把握しておかなければならない。病院のカルテ室の前に関係者以外が近づく必要性はない。監視する気のない不正アクセス防止に有効性は期待できないのである。

❖ポートスキャン、バナーチェックで始まるネットワークへの不正アクセス

ネットワークに対する不正アクセスにおいてもまず、ポートスキャン、バナーチェックという下見からはじまる。ポートスキャンとは不正アクセスしようと狙うサーバで稼働しているサービスを調べる手法である。サーバで稼働しているサービスはポートと呼ばれるネットワークへの接続口を通して提供されており、どのサービスが何番のポートで提供されているかが決まっているため、ポートがわかればサービスの種類を特定することができる。

第Ⅱ部　情報セキュリティマネジメントの取り組み

たとえば、ポートの 80 番は Web 閲覧のための http サービスが稼動しており、110 番ならば電子メールのための POP3 サービスが稼動していることがわかるのである。次に行われるのがバナーチェックである。バナーチェックとは、ポートスキャンで特定したサービスがどのようなソフトウェアで稼働しているかを調べる手法である。サーバ上のサービスは問い合わせがあると、自分自身のソフトウェアの名称やバージョンを返すようになっている。

不正アクセス者は古いバージョンのソフトウェアが稼働していることを知ることによって、修正されていないセキュリティホールを攻撃するのである。OS やソフトウェアのぜい弱性対策のための定期的な更新は当然に必要である。バナーチェックに対して情報を返させないようにするセキュリティ対策もある。そして、ログファイルの内容を定期的に確認し、ポー

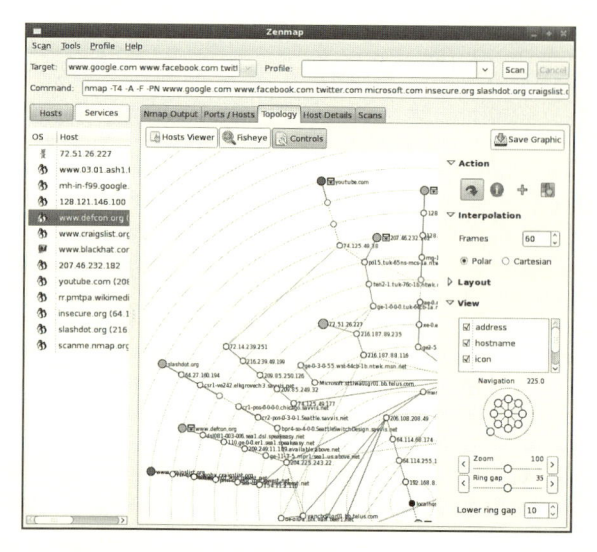

図表 11-2　ポートスキャン、バナーチェックソフト「nmap」の画面例

INSECURE サイトより引用
http://insecure.org/

212

トスキャン、バナーチェックの痕跡がないか点検することも非常に重要である。

ログファイルが点検されないサーバは無人の倉庫のようなものであり、誰にも気づかれず鍵穴の型をとられているようなものである。ログファイルが日々点検されているサーバは、監視員が常時見張っている施設と同じように、その前で不審な行動がとりにくい。残念ながらログ自体をとっていない、とっていてもログ解析していないという企業が少なくない。クラッカー天国と呼ばれないようにサーバ監視に取り組んで欲しい。

2　前提条件が変わればセキュリティリスクも変わる

◇前提条件が大きく変わる組織変更や企業統合

モニタリングの重要性は不正アクセス対策だけにとどまるものではない。それどころか、全てのセキュリティ対策の有効性を確保するために不可欠となるものである。セキュリティ対策はある前提条件のもとで設計されている。その前提条件が変わってしまえば、セキュリティ対策の有効性が失われるだけでなく、重大なセキュリティホールを生み出す危険があることを理解しなければならない。代表的な前提条件の変化としては、担当者の異動や委託先の変更、部署の統合といったものがある。新しい担当者は、セキュリティ教育を受けていないためにセキュリティ意識や能力の面で前任者より劣っているかもしれない。

新しい委託先は取引先が前の委託先よりも顧客や取引先が多いため、セキュリティ事故の発生確率が高いかもしれない。新しい部署は業務範囲が拡大し、専任の担当者が置けないかもしれない。特に大きな前提条件の変化は、M&Aによる企業統合である。経営理念や職場環境、企業文化など経営環境そのものが大きく変わる。どちらかの会社のセキュリティポリシーやセキュリティ対策を適用するという単純な考えではセキュリティリスクを増大させるだけである。大規模な前提条件の変化に対してはリスク

アセスメントからやり直すことが不可欠である。

❖人のセキュリティ意識や注意力は継続しない

　モニタリングの対象として最も注意すべきものは人である。教育訓練をどれだけ積んでも人のセキュリティ意識や注意力は低下していく。慣れれば慣れるほど油断や不注意も生まれる。プライバシーマークやISMSなどを取得する前と後では取得する前の方がセキュリティ強度が高かったという声もよく聞く。機械設備には定期点検が必要なように、人に対してもアンケート調査や現場観察といった定期点検が必要なのである。情報セキュリティマネジメントの推進者にとって悩ましいことに、セキュリティ事故が起きず平穏が続けば続くほど、従業員や委託先のセキュリティ意識や注意力は下がっていく。皮肉なことにセキュリティ事故を起こした組織の方がしばらくの間、セキュリティ意識や注意力が高くなる。従業員や委託先のセキュリティ意識や注意力を維持するためには、他社のセキュリティ事故や、社内のヒヤリハット事案から想定されるセキュリティ事故を疑似体験させることも必要だろう。

❖次々出てくる新種のコンピュータウイルスや不正アクセス手法

　組織内部のぜい弱性に対するモニタリングも重要だが、組織外部の脅威に対するモニタリングも重要である。脅威に対するモニタリングとは、新種のコンピュータウイルスや不正アクセス手法に対する情報収集を意味する。新しいコンピュータウイルスや不正アクセス手法が出てきているのに、古いウイルス対策ソフトやファイヤーウォールを使っていては意味がない。IPA（独立行政法人情報処理推進機構）やウイルス対策ソフトなどセキュリティベンダーのWebサイトではセキュリティ脅威について最新の情報を提供してくれている。こうした外部情報を継続的に確認するモニタリング体制を確立しておくことも情報セキュリティマネジメントにおける不可欠な取り組みである。

3　データマイニングテクニックが求められるログ解析

❖発見が困難な正当ユーザによる不正アクセス

　不正アクセスの中で最も発見が困難なものが正当ユーザによる内部犯罪である。社員やリモートメンテナンス業者など正当ユーザが不正アクセスをする場合、ログイン認証で失敗することもなく、ポートスキャン、バナーチェックなど探索活動をする必要もない。

　アクセスログを見ても不正アクセスを試みた形跡が残らないのである。正当ユーザによる不正アクセスはログ解析から発見するよりも、職場の同僚や上司が普段の観察によって不審な行動に気づかなければならない。ここではあくまでも補助的な役割として、ログ解析による正当ユーザによる不正アクセスを検知する方法について紹介することとする。正当ユーザによる不正アクセスは、ログファイル上の継続的な記録から見えてくる変化の兆しに着目することによって浮かび上がる。たとえば、経理部や人事部などでは決算や人事異動など年間を通じた業務上のピークがある。日常業務においても業務パターンが形成されている。その結果、残業を含む情報システムの利用時間帯に傾向が見られ、利用するサービスにも傾向がある。

　もし、ログファイルの中に通常と異なる利用時間帯やサービスなどが記録されていれば、通常と異なる何かがあったことが推測される。緊急の業務トラブルや長期の出張、休暇明けといった妥当な理由が確認できれば問題ないが、特に変わった事情がないにもかかわらず、こうした異常な傾向が見られる場合に不正アクセスを疑うことになるのである。一般的には、社内不正を懸念する内部通報があった場合にアクセスログを解析することになるだろう。

❖通常パターンと異なる異常傾向をデータマイニングであぶり出す

　膨大なログファイルを人間の目で追いかけて異常がないか解析していくのは手間がかかりすぎる。そこで注目されているのが、データマイニング

215

技術の応用である。膨大なログに対して、不正アクセスの事例から集めた傾向パターンに類似するものだけをあらかじめ自動抽出することができれば、不正アクセスの可能性があるものだけを人間の目で確認することができる。社外から不正アクセスを行おうとする者が、ポートスキャン、バナーチェックといった探索活動を行おうとするように、社内から不正アクセスを行おうとする者に共通点があるはずである。ロギングの本来の目的が異常の発見にあるとするならば、データマイニングが可能な解析ツールの導入を検討してみる余地があるだろう。

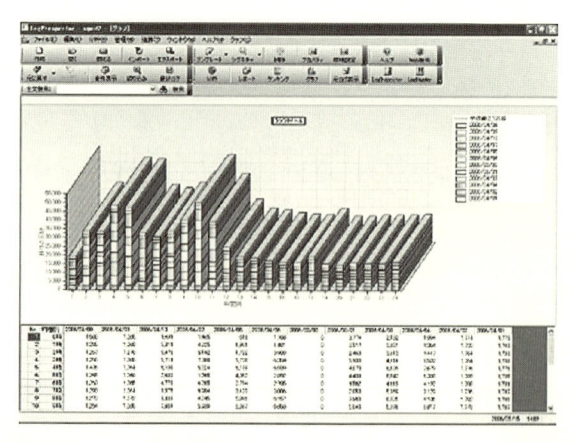

図表 11-3　ログ調査支援ツール「Logprospector」の画面例

コムスクエア社サイトより引用
http://logprospector.jp/

参考資料

2007年情報セキュリティインシデントに関する調査報告書（NPO 日本ネットワークセキュリティ協会）
情報セキュリティポリシーサンプル解説書（NPO 日本ネットワークセキュリティ協会）
情報セキュリティ管理基準（経済産業省）
情報セキュリティ対策ベンチマークの使い方（独立行政法人情報処理推進機構）
情報技術セキュリティ評価のためのコモンクライテリア（独立行政法人情報処理推進機構）
委託関係における情報セキュリティ対策ガイドライン（独立行政法人情報処理推進機構）
情報セキュリティマネジメントシステム―要求事項　JIS Q 27001：2006（日本規格協会）
事業継続計画策定ガイドライン（経済産業省）
中小企業 BCP 策定運用指針（経済産業省中小企業庁）
財務報告に係る内部統制の評価及び監査に関する実施基準（金融庁）

参考 Web サイト

IPA 情報処理推進機構（http://www.ipa.go.jp）
経済産業省（http://www.meti.go.jp/policy/it_policy/outline.html）
総務省（http://www.soumu.go.jp/）
中小企業庁（http://www.chusho.meti.go.jp/）
警察庁セキュリティポータルサイト @police（http://www.npa.go.jp/cyberpolice/）
JIPDEC 日本情報処理開発協会（http://www.jipdec.or.jp/）
情報処理推進機構（http://www.ipa.go.jp）
ウィキペディア（www.ja.wikipedia.org）
ウェブリオ辞書 Web サイト（http://www.weblio.jp/）
@IT アットマークアイティ（http://www.atmarkit.co.jp/）
キーマンズネット（http://webservice.recruit.co.jp/keymans/）
exBuzzwords 用語解説（http://www.exbuzzwords.com/）
All About（http://allabout.co.jp/）
goo ビジネス EX（http://bizex.goo.ne.jp/）
ZDNet（http://japan.zdnet.com/）
マイクロソフト msdn（http://msdn.microsoft.com/ja-jp/default.aspx）
ASCII.jp（http://ascii.jp/）

日経BP ITPro (http://itpro.nikkeibp.co.jp/index.html)
日経パソコン PC online (http://pc.nikkeibp.co.jp/index.html)
IT用語辞典 e-Words (http://e-words.jp/)
EnterpriseZine (http://enterprisezine.jp)

用 語 解 説

Availability
可用性。必要な時に情報やサービスを利用できること。情報セキュリティの三要素の一つ。

BCM（Business Continuity Management）
地震やパンデミックといった災害や事故などの不測事態の発生時に、事業停止に陥ることなく事業を継続できるようにするための取り組み。そのための計画を事業継続計画（BCP）と呼ぶ。

BCP（Business Continuity Plan）
地震やパンデミックといった災害や事故などの不測事態を想定して事業継続のための対応策をまとめた行動計画。

CC（Common Criteria）
コモンクライテリア。情報セキュリティに関する国際評価規格 ISO15408 のこと。

CIA（Confidenciality, Integrity, Availability）
情報セキュリティの三要素である機密性、完全性、可用性のこと。

Confidentiality
機密性。限られた者のみが情報にアクセスできること。情報セキュリティの三要素の一つ。

CSR（Corporate Social Responsibility）
企業の社会的責任。企業が利益を追求するだけでなく、組織活動が社会へ与える影響に責任を持ち、消費者や社員、取引先、投資家、地域住民といったあらゆる利害関係者からの要請に対応すること。

DNS キャッシュポイズニング
DNS サーバ上のキャッシュ（ドメイン名を IP アドレスに変換した際に次回から高速に変換が行えるように保存する高速読み込みができる場所）を書き換えることによって、ドメイン名が検索された場合に偽のサイトにジャンプさせる手法。

EAL（Evaluation Assurance Level）
コモンクライテリア（略称 CC。ISO15408）において定義されてる情報セキュリティの評価保証レベル。

IDS（Intrusion Detection System）
侵入検知システム、侵入検知ツール。ネットワーク上を流れるパケットを監視して不正アクセスなどを検知するソフトウェアまたはハードウェア。

Integrity
完全性。情報が変化せずに完全に保たれていること。情報セキュリティの三要素の一つ。

ISMS（Information Security Management System）
情報の機密性、完全性、可用性を維持するためのマネジメントシステム。

ISO27001として国際標準化されており、日本でもJIS X 5080として規格化されている。

ISO27001 → ISMS

PP（Protection Profile）
　プロテクションプロファイル。コモンクライテリアの運用において、利用者（または利用者の団体）が自分の情報セキュリティ要件を文書化したもの。セキュリティターゲットと呼ばれるIT製品のセキュリティ性能（認証対象）においてPPに適合していることが主張される。

P&P（Policy and Procedure）
　情報セキュリティポリシーなどセキュリティ文書の策定基準。基本となる考え方と重要な手順を明確にすることが要求される。

SQLインジェクション
　データベースと連動した入力フォームを持つWebサイトに対してデータベースへの問い合わせや操作を行うSQL文の断片を与えることにより、データベースを改ざんしたり不正に情報を入手する攻撃手法。

UPS（Uninterruptible Power Supply）
　無停電電源装置。電池や発電機を内蔵することによって、停電時にしばらくの間コンピュータに電気を供給することができる装置。

Winny
　ウイニー。日本で開発された中央サーバを必要としないファイル交換ソフト。高い匿名性を持つ。ゲームやコミック、音楽、映画などの著作物が無断で送受信されていたり、著作物に見せかけたウィルスに感染するなどの問題が多発している。

アクセスポリシー
　情報資産に対するアクセス制限の基準。ファイヤーウォールなどアクセス制御装置にフィルタリング情報として設定される。

インサイダー取引
　株価に影響を与える重要事実を知った上場会社の関係者が公表前に有価証券などの売買を行うこと。

インシデント
　重大な事故につながる可能性がある出来事。

ウイルス対策ソフト
　アンチウイルスソフト。コンピュータウイルスを検出し除去するためのツール。

ウイルスデマ
　存在しないウイルスに対して脅威を呼びかけるデマ情報。デマウイルスとも呼ぶ。

炎上
　ブログやソーシャル・ネットワークの書き込みに対して批判的なコメントが殺到する状況。祭りとも称される。

可用性 → Availability

完全性 → Integrity

用語解説

ガンブラー
　FTPアカウントを乗っ取るなどしてWebサイトに不正コードを埋め込む攻撃手法。改ざんされたWebページを閲覧した利用者はが気づかないうちに別のWebサイトへと誘導される。

機密性→Confidentiality

キャッシュポイズニング→DNSキャッシュポイズニング

キーロガー
　キーボードからの入力を監視してパスワードやクレジットカード番号などの機密情報を盗み出すツール。

組み合わせアプローチ
　リスクアセスメントの手法。重要な情報資産に対しては詳細リスク分析を行い、それ以外の情報資産に対してはベースラインアプローチなどを適用する。

クラッカー
　システムやネットワークに不正に侵入し、悪意をもってデータを破壊したり改ざんしたりする者のこと。

クリアデスク
　席を離れる際に、自分の机上や鍵のかからない引き出しなどに重要な書類を放置しておかないこと。

クリアスクリーン
　席を離れる際に、情報を盗み見られないようにパソコンの画面をパスワード付きスクリーンセーバーなどでロックすること。

クロスサイトスクリプティング
　Webサイト上の掲示板などの入力フォームにHTMLスクリプトを書き込むことによって動的にWebページを生成し、訪問者に実行させることによって別のサイトに誘導したり機密データを入力させたりする攻撃手法。

コモンクライテリア→CC
　情報セキュリティに関する国際評価規格ISO15408のこと。

コールドリーディング
　外観を観察したり何気ない会話を交わしたりするだけで相手のことを言い当て、相手に「わたしはあなたよりもあなたのことをよく知っている」と信じさせる話術のこと。誰にでもあてはまるような質問やどちらともとれるような質問をするなどして相手の反応を探り出す。

サラミテクニック
　気づかれない程度に少量ずつ金品や品物を盗み取る行為。わずかな金額であっても多数の預金口座から盗み取ることによって巨額の金銭が集まることとなる。

事業継続管理→BCM

事業継続計画→BCP

詳細リスク分析
　リスクアセスメントの手法。情報資産に対して業務フローなどによってリスクを詳細に追跡する。

情報セキュリティインシデント→インシデント

情報セキュリティポリシー
組織における情報セキュリティの取り組みに関して基本となる考え方と遵守すべき行動規範を示したもの。

ショルダーハック
肩越しからキー入力やディスプレイを盗み見てパスワードなどの情報を収集する行為。

侵入検知ツール→IDS

ステルス攻撃
システム管理者やウイルス対策ソフトに発見されないように自分自身の姿を隠すなどの工夫を凝らしたウイルスや不正アクセス行為。

スパイウェア
利用者が気づかないうちにパソコン上の様々な情報を収集するソフトウェア。

セキュリティポリシー→情報セキュリティポリシー

セキュリティホール
不正アクセスやウイルス感染などの攻撃に受ける危険性がある情報セキュリティ対策上の欠陥。

ソーシャルエンジニアリング
人間の心理的なすきや行動のミスにつけ込んで機密情報を入手する攻撃手法。

ソーシャルネットワーク
参加者が互いに友人知人を紹介し合って、新たな人脈を広げることを目的に運営されるコミュニティサイト。

内部統制システム
組織内において遂行される業務の適正を確保するための体制や制度。

ネットリンチ
インターネット上におけるいじめ。匿名で発言でき監視に欠けることをいいことに無責任に誹謗中傷したり嫌がらせをする。

ネームドロップ
権威ある組織や人の名前をかたって信用させる話術。

ディクショナリーアタック
辞書攻撃。辞書にある単語を片端から入力して試すことによってパスワードを破る攻撃方法。

ディザスター
大規模で突発的な災害や事件事故。

ディレクトリサービス
情報システム上の様々なリソースの所在や属性に関する情報を記憶し提供するソフトウェアやサービス。

電子メールフィルタ
スパム(迷惑メール)やコンピュータウィルスなど不要な電子メールを除去する仕組み。

トラッシング
ゴミの回収事業者などを装って、ゴ

用語解説

ミ箱やゴミの集積所をあさって機密情報や個人情報を収集する行為。

ハザード
　危害因子（危険の原因）。

ハッカー
　高度なコンピュータ技能と知識を持つ人のこと。悪意をもってコンピュータシステムを破壊する者はクラッカーと呼ぶ。

バックドア
　システム管理者に気づかれないようにサーバやネットワーク機器に設けられた不正アクセスのための出入口。

バッファオーバーフロー
　バッファ（メモリ領域）を超えてデータ入力することによって、データあふれが起こりプログラムが暴走するセキュリティホール。

バナーチェック
　サーバ上で稼働中のサービスに対してコマンドを実行し、その応答メッセージ（バナーと呼ぶ）からソフトウェアの種類やバージョン情報を収集する手法。

バリデーション
　設計、製造されたものが元の要求事項に対して期待通りの結果を実現しているか妥当性を検証すること。

パンデミック
　感染爆発。感染症や伝染病が世界的に大流行して非常に多くの感染者や患者が発生すること。

ピギーバック
　正規の資格を持った人の同伴者のふりをして一緒に入館（室）してしまうこと。

非形式的アプローチ
　リスクアセスメントの手法。コンサルタント又は組織や担当者などの知識や経験からリスクの在りかを想定する。

ヒューマンエラー
　人為的な過誤やミス。人である限り本質的に起こりうるエラー。

ファイヤーウォール
　組織内のコンピュータやネットワークに外部から不正侵入されるのを防ぐシステムやソフトウェア。

ファイル共有ソフト
　インターネット上で不特定多数の利用者とファイル交換するためのソフトウェア。サーバを必要としないP2P（Peer to Peer ―ピア・トゥー・ピア）というプロトコルを利用している。
　Winnyもファイル共有ソフトの一種。

フィッシング
　銀行やクレジットカード会社などの企業を装った偽のWebサイトや電子メールによって、パスワードやクレジットカード番号といった機密情報を不正入手しようとする犯罪手口。

フィルタリング→電子メールフィルタ

プライバシーマーク
　日本情報処理開発協会（JIPDEC）

223

が審査する個人情報保護の認証制度。

フールプルーフ
　使用者が誤った操作をしても危険な状況を招かないように、あるいはそもそも誤った操作をさせないようにと、配慮して設計されていること。

ブルートフォースアタック
　文字列の組み合わせや長さを変化させながら総当りでパスワードを探し出す攻撃手法。

ブログ
　個人や数人のグループで運営され、日々更新される日記的なWebサイトの総称。

プロテクションプロファイル→PP

ベースラインアプローチ
　リスクアセスメントの手法。情報セキュリティ管理基準など社会通念上妥当とされる基準をもとにベースライン（合否判定の基準）を設定してチェックする。

ベリフィケーション
　プログラムなどの成果物が設計書など要件通りに製作されたか有効性を検証すること。

ポカ
　考えられないようなばかばかしい失敗。

ボットウイルス
　感染させたコンピュータをインターネットを通じて外部から操ることを目的として作成されたロボットウイルス。

ホットリーディング
　探偵を使ったり、占いの待合室で助手が世間話をするなどして事前に相手のことを調べておいた上で、あたかも本当に占いや霊感、超能力などで相手の心を読んだと見せかける話術。

ポートスキャン
　インターネット上のサーバーに対して稼働中のポートがあるかどうかを調べる手法。ポート番号によってサーバー上でどのようなサービスが提供されているかがわかる。

ポリシーアンドプロシージャ→P&P

ミスユースケース
　システム設計技法であるユースケースを情報セキュリティ設計に利用できるように拡張したもの。

無停電電源装置→UPS

モニタリング
　継続的な監視活動。

モラルハザード
　倫理観や道徳的節度がなくなり社会的な責任を果たさなくなること。厳格すぎて守ることが困難な形だけのルールはかえって意欲や注意力を失う危害因子となりうる。

リスク
　損失を生じさせる可能性（確率）。

用語解説

リスクの回避
　事業からの撤退や業務の中止などリスクのある状況に巻き込まれないようにすること。

リスクの軽減
　事前の予防策や事後の軽減策によってリスクの発生頻度を低減させること。

リスクの移転
　コンピュータ保険などによってリスク損失による負担を他者に移転すること。

リスクの保有
　対策を講じることなくリスク損失による負担を許容すること。

リスクバズ
　誹謗中傷のネット書き込み。

リストア
　バックアップしておいたデータをコンピュータに戻して元の状態にすること。

リモートアクセス
　離れた場所にあるネットワークやコンピュータに通信回線を利用して外部から接続すること。

ルートクラック
　最上位特権ユーザ ID のルート（root）アカウントを使って不正アクセスすること。

ログ
　コンピュータシステムの稼働記録。処理が行われた日時や実行者、処理内容などが記録される。

ワーム
　利用者に気づかれないようにコンピュータに侵入する悪意のあるプログラム。コンピュータウイルスのように他のプログラムに寄生するわけではなく単独で活動する。

ワンクリック詐欺
　Web ページ中の画像やリンクを一回クリックしただけで料金を請求するネット詐欺のこと。

終わりに──セキュアな経営が競争優位を生み出す IT 社会へ

　企業における IT 利用が当たり前になり、個人もパソコンや携帯電話を使ってインターネット接続することが日常化している。情報セキュリティはシステムベンダーだけの課題ではなく、あらゆる組織において取り組まなければならない経営課題となっている。当たり前のように電子メールで商談し、ホームページで相手先の事業内容を確認する。注文データは EDI でデータ送信され、見積や請求書といった紙の帳票もコンピュータから打ち出されたものである。製造業では図面や仕様書も電子データで委託先に送信され、CAD から生成された制御データで工作機器が自動製造する。IT に依存せずにビジネスも生活も成り立たない現代において、情報セキュリティは社会や経済を成り立たせるための重大な前提条件となっていると言っても過言ではない。もはや、企業にとって情報セキュリティはリスクマネジメントの範疇でとどまらず、商品やサービスに対する品質保証として語られるべきものであり、もっと言えば商品やサービスそのものの価値として考えられるべきものなのである。その善し悪しは企業間における競争格差をもたらすものであり、セキュアな経営が競争優位を生み出すことを経営者は知らなければならない。とどまることを知らない情報技術の高度化とその利用拡大の流れの中で、情報セキュリティの重要性も想像もしないほど高まっていくことだろう。重大化していくセキュリティリスクとともに、高度化・多様化していくセキュリティ対策との間で、本書で紹介した情報セキュリティマネジメントが多くの企業にとっての進むべき道を照らすことを祈って、筆を置くこととする。

　　　2010 年 10 月 31 日

　　　　　　　　　　　　　　　　　　　　　　　　　　杉　浦　　司

執筆者紹介

杉浦　司(すぎうら　つかさ)（sugiura@sugi-sc.com）

立命館大学経済・法学部卒、関西学院大学大学院商学研究科修了（MBA）、信州大学大学院工学研究科修了(工学修士)。京都府警、大和総研を経て杉浦システムコンサルティング・インク設立。

関西学院大学大学院経営戦略研究科（ビジネススクール）講師、中小企業基盤整備機構戦略的CIO育成支援事業チーフアドバイザー。

情報処理技術者（システムアナリスト、システム監査技術者、情報セキュリティアドミニストレータ、アプリケーションエンジニア、ネットワークスペシャリスト、データベーススペシャリスト）、PMPプロジェクトマネジメントプロフェッショナル、CISA公認情報システム監査人、CIA公認内部監査人、CFE公認不正検査士、ISO審査員（品質、環境、労働安全、情報セキュリティ、ITIL）、行政書士、認定コンプライアンスオフィサーなどの資格を持つ。

著書に『消費を見抜くマーケティング実践講座』（翔泳社）、『ITマネジメント──モデリングと情報処理によるビジネス革新』（関西学院大学出版会）、『よくわかるITマネジメント』（日本実業出版社）、『データサイエンス入門』（日本実業出版社）、『実践グループウェア』（講談社ブルーバックス）などがある。

情報セキュリティマネジメント
経営品質の保証と企業価値の防衛

2011年3月31日初版第一刷発行

著　者　　杉浦　司

発行者　　宮原浩二郎
発行所　　関西学院大学出版会
所在地　　〒662-0891
　　　　　兵庫県西宮市上ケ原一番町1-155
電　話　　0798-53-7002

印　刷　　大和出版印刷株式会社

©2011 Tsukasa Sugiura
Printed in Japan by Kwansei Gakuin University Press
ISBN 978-4-86283-084-5
乱丁・落丁本はお取り替えいたします。
本書の全部または一部を無断で複写・複製することを禁じます。
http://www.kwansei.ac.jp/press